授業の腕が上がる新法則シリーズ

「道徳」
4〜6年生編

授業の腕が上がる新法則

監修 **谷 和樹**

編集 **河田孝文・堀田和秀**

JN089756

☀ 学芸みらい社
GAKUGEI MIRAISHA

刊行のことば

谷　和樹（玉川大学教職大学院教授）

1　「本人の選択」を必要とする時代へ

　今、不登校の子どもたちは、どれくらいいるのでしょうか。

約16万人[※1]

　この数は、令和元年度まで6年間連続で増え続けています。小学校では、144人に1人、中学校では、27人に1人が不登校です。

　学校に行けない原因が子どもたちにあるとばかりは言えません。もちろん、社会環境も変化していますから、学校にだけ責任があるとも言えません。しかし、学校の授業やシステムにも何らかの問題があると思えます。

　以前、アメリカでPBIS（ポジティブな行動介入と支援）というシステムを取り入れている学校を視察しました。印象的だったのは「本人の選択」という考え方が浸透していたことです。その時の子ども本人の心や体の状態によって、できることは違います。それを確認し、あくまでも本人にその時の行動を選ばせるという方法です。

　これと教科の指導とを同じに考えることはできないかも知れません。しかし、「本人の選択」を可能にする学習サービスが世界的に広がり、増え続けていることもまた事実です。例えば「TOSSランド」は子ども用サイトではありませんが、お家の方や子どもたちがご覧になって勉強に役立てることのできるページもたくさんあります。他にも、次のようなものがあります。

①オンラインおうち学校[※2]
② Khan Academy[※3]
③ TOSS ランド[※4]

　さて、本書ではこうしたニーズにできるだけ答えたいと思いました。

> 激動する社会の変化に対応する教育へのパラダイムシフト～子どもたち
> 「本人の選択」を保障する考え方、そして幅広い「デジタル読解力」を必
> 須とする考え方を公教育の中で真剣に考える時代が到来しつつあります。

そこで、教師の「発問・指示」をきちんと示したことはもちろんですが、「他にもこんな選択肢がありますよ」といった内容にもできるだけ触れるようにしています。

2 「デジタルなメディア」を読む力

PISA2018の結果は、ある意味衝撃的でした。日本の子どもたちの学力はそれほど悪くありません。ところが、「読解力」が前回の2015年の調査に続いて今回はさらに落ちていたのです。本当でしょうか。日本の子どもたちの読解力は世界的にそれほど低いのでしょうか。実は、他のところに原因があったという意見もあります。

> パソコンやタブレット・スマホなどを学習の道具として使っていない。

これが原因かも知れないというのです。PISA が CBT といってコンピュータを使うタイプのテストだったからです。

実は、日本の子どもたちはゲームやチャットに費やす時間は世界一です。ところが、その同じ機械を学習のために有効に使っている時間は、OECD 諸国で最下位です。もちろん、紙のテキストと鉛筆を使った学習も大切なことは言うまでもありません。しかし、写真、動画、Web ページなど、全教科のあらゆる知識をデジタルメディアで読む機会の方が多くなっているのが今の社会です。

そうした、いわば「デジタル読解力」について、今の学校のカリキュラムは十分に対応しているとは言えません。

本書の読者のみなさんの中から、そうした問題意識をもち、一緒に研究を進めてくださる方がたくさん出てくださることを心から願っています。

まえがき

　授業技量には、３つの構成要素がある。

　１　知識

　２　技術

　３　技能

「知識」とは、授業内容を教えるための情報である。

　内容そのものや周辺の事柄、はたまた歴史や思想等々、リンクする情報は、あればあるほど授業の説得力や定着度は向上する。

　授業をするための知識を獲得するために、教師は、教材研究をする。

「技術」とは、授業内容を教えるための方法・手順である。

　同じ内容でも、方法・手順によって子どもの学習効果は違ってくる。

　クックパッドを検索すれば同じ料理（例えばカレー）のレシピは山ほど出てくる。

　原則はあるだろうが、調理の仕方（例えば切り方、調味料の分量、加工する順番…）には個性がある。

　完成した料理は、当然レシピごとに味が違う。

　授業レシピは、多ければ多いほどよい。

　目の前の子供の力や状況によって、選択できるからだ。

「技能」とは、知識や技術を活用して学力を向上させるための技（わざ）である。

　同じレシピを、ど素人と料理の鉄人が調理したら、どちらが旨いかは言うまでもない。

　鉄人には、鍛え抜かれた圧倒的技能があるからだ。

　圧倒的技能は、膨大な時間をかけた修業の中で身体化される。

「技能」が高い教師の授業は、楽しい。

　そして、子供ができるようになる。

　教師は、技能を高めるために研究授業や模擬授業をする。

　技能の向上は、費やした時間と労力、試行錯誤の量に比例する。

　本書は、授業技量３つの要素の「技術」に特化している。

素材である道徳教科書の資料を、どのような「方法」「手順」で教えていくのかが紹介されている。

　同じ教科書でも算数と道徳では、機能がちがう。

　算数は、書かれている通りに学習を進めれば、一定水準の学力がつくように作られている。

　道徳は、具体的な学習手順は示されていない。

　あるのは、素材だけである。

　素材の力を引き出すのは、レシピである。

　どのような方法で提示し、指示・発問をどのような順番で繰り出していくのかは、教師一人ひとりの力量に任されている。

　本書では、「道徳教科書の資料をどのように授業するか」が問題提起されている。

　資料ごとの授業ファイルは、全て教室の実践をくぐっている。

　その通りにやれば、一定水準の効果が得られる授業ばかりである。

　もちろん、授業技能により効果の度合いは違ってくる。

　技能の高い教師が授業すれば、より高い結果が期待できるだろう。

　技能において発展途上の教師は、その結果から学ぶことがたくさんあるはずだ。

　是非、書かれている通りに教室で再現していただきたい。

　楽しい道徳授業が必ずできる。

　続ければ、道徳的判断力・実践力・心情が一人ひとりの中で蓄積されていく。

　本書は、日本全国で道徳授業に試行錯誤する教師、さらに高みを目指す教師への連帯の証である。

　楽しい道徳授業、心に響く道徳授業、規範意識が高まる道徳授業を！

　本書は、たくさんの方々の知恵と努力に支えられています。

　たくさんの力のある授業をお寄せくださった先生方、ありがとうございました。

　また、本書の編集に際し、樋口雅子氏には、多大なご支援とお骨折りをいただきました。この場を借りてお礼申し上げます。

　ありがとうございました。

TOSS道徳代表　河田孝文

目　次

第I章　この題材に"このネタ"プラス／全社関連題材一覧

第II章　新教科書を利活用した、楽しい道徳授業

目 次

第Ⅴ章　TOSS道徳の「生き方5原則」を授業で提案する

「東京書籍」 教材の利活用 4〜6年

 このプラスワン教材で、学びがさらに深まる。

1. 4年教材にプラスワン

【教材名】「いっしょになって、わらっちゃだめだ」（内容項目：よりよい学校生活、集団生活の充実）

【あらすじ】友だちをからかって遊ぶのを見て、笑っちゃだめだと言い聞かせる「ぼく」。からかっていた子たちは、いっしょになって笑わずに立ち上がった「ぼく」を見て、からかうのをやめた。

【プラスワン教材はこれ！】

「『いじめ』について考える」（向山洋一監修『TOSS道徳「心の教育」（5）心に響く「力のある資料」で生き方を教える道徳授業』明治図書、p.62）

| 『わたしのいもうと』を読み聞かせ、いじめは許されないことを知る授業 |

① （前半を読み聞かせ）この後どうなったと思いますか。

② （後半を読み聞かせ）感想を書きなさい（自分が妹だったら、自分がいじめっこだったらと、立場をはっきりさせて書かせる）。

③ 今日の授業で勉強したことを一行詩に書きましょう。

【他社の関連教材】 日文4年 「いじりといじめ」／ 光村4年 「ひとりぼっちのYちゃん」／ 学研4年 「友達が泣いている」／ 教出4年 「プロレスごっこ」／ 光文4年 「いつも同じグループでいいのかな？」／ あかつき4年 「同じ仲間だから」

2. 5年教材にプラスワン

【教材名】「わたしのボランティア体験」（内容項目：勤労・公共の精神）

【あらすじ】特別養護老人ホームのお年よりとレクリエーション大会をすることになったが、はじめはいやな気持ちでいるわたし。一生懸命なお年よりの姿に触れてうれしくなり、またボランティアしたいと思うようになる。

【プラスワン教材はこれ！】

「阪神大震災から生まれたもの」（甲本卓司氏道徳授業より）

「人の役に立ちたい」との実践意欲を育てる授業

① （震災で亡くなった人々の名前が刻まれている映像を見せて）家族の思いはどんなものだったでしょうか。

② （息子を亡くしたお母さんの話をして）お母さんのたった一つの願いは何だったでしょう。

③ ボランティアに参加した女の子が、父に宛てて書いた手紙を読み、感想を書かせる。

【他社の関連教材】 学研4年 「神戸のふっこうは、ぼくらの手で」／ 学図4年 「姉妹で運ぶ物資と笑顔」／ 教出5年 「稲むらの火」／ 光文5年 「明日へ向かって」／ あかつき5年 「わたしたちにできるボランティア活動」

3. 6年教材にプラスワン

【教材名】「心をつなぐ音色～ピアニスト 辻井伸行」（内容項目：希望と勇気・努力と強い意志）

【あらすじ】目が不自由だが、音を聞き分ける力を持っているのぶ君。しかし、「ショパン国際ピアノコンクール」へのチャレンジは苦難の連続。それでも、あきらめずに努力を重ねたのぶ君は、今世界を舞台に活躍している。

【プラスワン教材はこれ！】

「夢を追いかけて」（向山洋一監修『TOSS道徳「心の教育」（9）「力のある資料」で心に響く道徳授業を創る！』明治図書、p.81）

画家の生き方を通して夢をかなえるために何が必要かを考える授業

① 夢をかなえるために何が必要だと思いますか。

② もし、みんなが、（画家の）水村喜一郎さんと同じ立場なら、両腕を失った時にどんなことを考えますか。

③ （水村さんの考えを伝えて）どんな人ですか。

④ 両腕がないと、できないことはなんですか。

⑤ （水村さんのエピソードを紹介し）夢をかなえるために何が必要ですか。

【他社の関連教材】 日文6年 「ips細胞の向こうに」／ 光村4年 「より遠くへ」／ 学図6年 「折り紙でたくさんの笑顔を」／ 学研6年 「ミッキーマウスの誕生」／ 教出6年 「世の中のためになることをしたい」／ 光文6年 「夢に向かって－三浦雄一郎－」／ あかつき6年 「星への手紙」

（原田はるか）

「日本文教出版」教材の利活用 4～6年

 このプラスワン教材で「深い学び」を実現する！

1. 4年教材にプラスワン

【教材名】「フィンガーボール」（内容項目：礼儀）

【あらすじ】手を洗うためのフィンガーボールの水を間違って飲んでしまった、外国からのお客。それを目にした女王様は、お客に恥をかかせないよう自分もフィンガーボールの中の水を飲むという機転を利かす。

【プラスワン教材はこれ！】

「やさしいうそ」

（堀田和秀『道徳教科書フル活用！　楽しい道徳の授業プラン』学芸みらい社、p.40～42）

　相手のためにつく「やさしいうそ」もあることを知る授業

①漫才師の島田洋七さん。幼いころはとても貧しい生活でした。

②運動会の昼に担任の先生が「おなかが痛いから」と、豪華な弁当と洋七さんの質素な弁当を取り換えるよう頼みに来ました。そしてそれは卒業の年まで、毎年続きました。

③先生は本当におなかが痛かったのでしょうか。―おなかが痛いのはうそ。

④なぜ先生はわざわざうそをついたのでしょう。―島田さんへの気遣い。

2. 5年教材にプラスワン

【教材名】「くずれ落ちただんボール箱」（内容項目：親切、思いやり）

【あらすじ】ショッピングセンターで、小さな子が崩した段ボール箱を整理していたら、勘違いした店員に注意されてしまった「わたし」と「友子」。その後、事実を知った店員から二人の学校へ手紙が届く。

【プラスワン教材はこれ！】

「ストイコビッチ引退のエピソード」

（長谷川博之編著『小学生がシーンとして聴く道徳話100選』学芸みらい社、p.181）

日本人の「思いやりの心」を知る授業

①日本のＪリーグで７年間プレーした後、引退したストイコビッチ選手。

②引退試合を終えた後、家族でお祝いをしにレストランに入りました。

③店にいた人たちはストイコビッチ選手を見てどうしたと思いますか。―誰も何も言ってこなかった。

④その後レストランを出ようとした時、何が起こったと思いますか。

　―突然店内に大歓声と大きな拍手が鳴り響いた。

⑤お客さんたちは、家族とのお祝いの時間を邪魔してはいけないとわざと声をかけなかったのです。

【他社の関連教材】 東書5年 「ノンステップバスでのできごと」／ 学図5年 「運転手さんのひとこと」／ 学研6年 「行為の意味」／ 教出5年 「ほのぼのテスト」／ あかつき6年 「車いすの少女」「『がんばる』はぼくの宿題」

3. 6年教材にプラスワン

【教材名】「創志くんと子牛」（内容項目：生命の尊さ）

【あらすじ】口蹄疫とたたかってきた畜産農家のおじさんを訪ねた創志。子牛の出産にも立ち会い、命の尊さや農家の苦労を実感する。

【プラスワン教材はこれ！】

「いのちをいただく」（奥清二郎氏実践　修正追試）

（『いのちをいただく』内田美智子著　西日本新聞社）

人間は「他の動物の命をもらって生きている」ことに気付かせる授業

①焼き肉。元をたどれば何ですか。―牛。

②その牛は今生きていますか。―死んでいる。

③誰が殺したのですか。―分からない。

④絵本『いのちをいただく』を読み聞かせる。

⑤感想をノートに書きましょう。

【他社の関連教材】 東書6年 「命の重さはみな同じ」「お母さんへの手紙」「東京大空襲の中で」／ 光村6年 「命の旅」／ 光文3年 「いただきます」

（津田泰至）

「光村図書」教材の利活用 4〜6年

 このプラスワン教材で、授業がさらに盛り上がる！

1．4年教材にプラスワン

【教材名】「琵琶湖のごみ拾い」（内容項目：勤労、公共の精神）

【あらすじ】通学路である琵琶湖沿いの道を歩いていたすみ太は、いつもごみ拾いをしているおじいさんから、「ごみを一つ拾えば一つ分、琵琶湖がきれいになる」と聞き、感銘を受け、クラスみんなでごみ拾いをするお話。

【プラスワン教材はこれ！】

「地球君へ」（『朝日作文コンクール入選作⑤自分を見つめる子どもの心 作文36選』向山洋一・野口芳宏・水野茂一解説、明治図書）

地球の環境汚染を考える気持ちを持つための授業

①短い詩です。先生が読みます。

②読んで思ったこと、感じたことをお隣の人と言い合ってごらんなさい。

　短い詩なので、読めばすんなりと内容が入ってくる。

【他社の関連教材】 東書4年 「『もっこ』をせおって」／ 日文4年 「ぼくの草取り体験」／ 学図4年 「姉妹で運ぶ物資と笑顔」／ 光文4年 「みんなのためにできること」

2．5年教材にプラスワン

【教材名】あいさつって（内容項目：礼儀）

【あらすじ】知り合いでない人にあいさつをすることに抵抗があった主人公が、自分からあいさつをして返事をしてもらえなかった経験や、登山中に初対面の人から話しかけられてうれしかった経験から、あいさつや礼儀の大切さに気づくお話。

【プラスワン教材はこれ！】

「おはようと言ってもらおう」（向山洋一監修『TOSS道徳「心の教育」(16)』明治図書、p.20〜24）

あいさつに対する子どもの心構えを変える授業

①明日の朝、30人以上の人から「おはようございます」と言ってもらいなさい。

②（翌日帰りの会にて）今日、何人の人にあいさつをしてもらいましたか。

③あいさつをしてもらうためには、まず自分からしなくてはなりません。あいさつをする時に、相手の名前を添えて「○○さん、おはよう」と言うと相手も気持ちがいいですね。

【他社の関連教材】 日文5年 「あいさつ運動」 日文1年 「ありがとう」／ 学図5年 「あいさつの力」／ 学研5年 「思いがけないあいさつ」／ 教出5年 「心をつなぐあいさつ」／ あかつき6年 「客には言わんのですか」

3.6年教材にプラスワン

【教材名】ここを走れば（内容項目：規則の尊重）

【あらすじ】危篤状態のおじいさんに会いに病院に向かう高速道路で、事故渋滞が発生する。空いてるのは救急車などの緊急車両が通る路側帯のみ。何台か普通車両が通る中、規則を守って通らなかったお父さん。結果、おじいさんの最期に間に合わなかったお話。

【プラスワン教材はこれ！】

「ルールを守ること」（堀田和秀『道徳教科書フル活用！　楽しい道徳の授業プラン』学芸みらい社、p.117〜118）

ルールを守ることの大切さを教える授業

①次のルールは、何のゲームでしょう。「1．黒が先手」「2．打てる箇所がなければパスをする」「3．打てる箇所がある時は、必ず打つ」「4．数が多い方が勝ち」─オセロ。

②ルールを破るとどうなりますか？─負ける。

③スポーツにもルールがあります。次のルールは、何のスポーツでしょう。
　「1．相手をつまずかせたら反則」「2．相手を蹴ったら反則」「3．ボールを手で触ったら反則」。─サッカー。

④ルールを破るとどうなりますか。

⑤ゲームでも、スポーツでも、ルールを破るとペナルティーが与えられます。

【他社の関連教材】 日文6年 「税金ってだれのため？」 日文1年 「ありがとう」／ 学図6年 「イエローカード」「放置自転車」／ 東書6年 「日曜日のバーベキュー」／ 学研5年 「お客様」／ 教出6年 「情報について考えよう」／ 光文6年 「セルフジャッジ」／ あかつき5年 「法やきまりはだれのもの」 （堀田知恵）

4 | この題材に "このネタ" プラス／全社関連題材一覧

「学校図書」教材の利活用 4～6年

 POINT! このプラスワン教材で、心に残る授業を創る！

1. 4年教材にプラスワン

【教材名】「姉妹で運ぶ物資と笑顔」（内容項目：勤労・公共の精神）

【あらすじ】2011年3月11日に起きた東日本大震災。不自由な生活が強いられる中、高台に住む避難者のために毎日救援物資を運ぶボランティア活動を続ける姉妹のお話。

【プラスワン教材はこれ！】

「3.11語りつぎたい勇気と感動のつぶやき」

（『この言葉を忘れない』編集グループ編 『この言葉を忘れない』徳間書店）

震災後の人々の行動から「他人のために行動すること」を学ぶ授業

①震災後、インターネット上で語られた様々なエピソードを読み聞かせる。

②一番心に残ったエピソードと、その理由を書かせる。

③授業の感想を書かせる。

【他社の関連教材】 日文4年 「ネコの手ボランティア」／ 光村・学研4年 「神戸のふっこうは、ぼくらの手で」／ 光村5年 「クール・ボランティア」／ 教出4年 「かっこいいせなか」／ 光文5年 「明日へ向かって」

2. 5年教材にプラスワン

【教材名】「ふくらんだリュックサック」（内容項目：規則の尊重）

【あらすじ】久しぶりに登山をした「わたし」は、山に落ちているゴミが多いことに驚かされる。がっかりした「わたし」だったが、すぐ近くでゴミ拾いをしている親子を見つけ、自分もゴミ拾いをし始める。

【プラスワン教材はこれ！】

「たった一人で始めたゴミ拾い」

（本吉伸行氏実践　修正追試）（荒川祐二『半ケツの神さま』、地湧社）

「まずは自分から始めてみる」ことの大切さを学ぶ授業

①2007年、青年版国民栄誉賞を受賞した荒川祐二さん。どんなことをした人だと思いますか。（新宿駅東口のゴミ拾い）

②周りの反応はどうだったと思いますか。（様々な嫌がらせを受ける）

③「新宿東口清掃20歳の軌跡」の動画を観る。（ https://www.youtube.com/watch?time_continue=46&v=73kLZPRS9Dc ）

④感想をノートに書きなさい。

【他社の関連教材】 光村4年 「琵琶湖のごみ拾い」／ 光文6年 「マナーからルールへ、そしてマナーへ」

3. 6年教材にプラスワン

【教材名】「青の洞門」（内容項目：感動、畏敬の念）

【あらすじ】了海という旅の僧が、人々の安全のために岩をくりぬいて通り道を作ることを決心する。はじめは呆れて見ていた村人たちも、次第に了海のことを尊敬し始める。そんな中、一人の侍が了海のもとを訪れるが……。

【プラスワン教材はこれ！】

「ウズベキスタンの桜」（小名木善行『ねずさんの昔も今もすごいぞ日本人！第二巻』彩雲出版、p.206〜220）

ナヴォイ劇場のエピソードから日本人の素晴らしさを学ぶ授業

①ウズベキスタンのナヴォイ劇場。どんな人たちが造ったと思いますか。—旧ソ連が強制連行し、捕虜とされた日本人たち。

②1966年、首都タシケントを震度8の大地震が襲います。劇場はどうなったと思いますか。—そのままの姿で残った。

③ウズベキスタンの人たちはどんなことを思ったでしょう。

④「感動マンガ『誇り』」の動画を見る。
（ https://www.youtube.com/watch?v=60raYIRW2dc ）

⑤ウズベキスタンの人たちは、子どもが生まれるとこう言い聞かせるそうです。—日本人のようになりなさい。

⑥感想をノートに書きなさい。

【他社の関連教材】 光村6年 「ブータンに日本の農業を」／ 学研5年 「もう一つの塔」／ 教出6年 「百一才の富士」

（津田泰至）

「学研教育みらい」教材の利活用 4〜6年

 このプラスワン教材で、学びが2倍になる！

1. 4年教材にプラスワン

【教材名】「温かい言葉（内容項目：親切、思いやり）

【あらすじ】足にギプスをはめた男の子を見かけ、声をかけるかどうか迷っていると、1人のお兄さんが「手伝おうか」と声をかける。男の子が「1人で上れる」と言うと、お兄さんは「がんばれよ」と声をかけるというお話。

【プラスワン教材はこれ！】

「アイマスク」の授業（向山洋一監修、TOSS「道徳」授業の新法則編集・執筆委員会『「道徳」授業の新法則』学芸みらい社）

介助する前に、「声をかける」ことの大切さを教える授業

①駅で目の不自由な人が立っています。介助して郵便局まで行くには、どうすればいいですか。―自分の肩をつかませて歩く。

②二人組で、その介助の方法で歩き回ってごらんなさい。

介助する前に大切なことがあります。何だと思いますか。―声をかける。

【他社の関連教材】 東書4年 「ゆうき君の心配」「ポロといっしょ」／ 日文・教出・あかつき4年 「心と心のあく手」／ 光村4年 「本当の思いやり」／ 学図4年 「ぼくのちかい」／ 光文4年 「せきが空いているのに」

2. 5年教材にプラスワン

【教材名】ペルーは泣いている（内容項目：国際理解、国際親善）

【あらすじ】ペルー女子バレー代表監督に就任した加藤明さん。最初は日本式の練習方法を導入し、反発を受けるが、ペルーの文化を理解し、取り入れることで彼女たちと心を通わせていくお話。

【プラスワン教材はこれ！】

ラグビー・ワールドカップの授業（自作）

ラグビーの「寛容」の精神を学ぶ授業

①日本人は、「寛容」ですか。―日本の社会的寛容度が低いことを教える。

②ラグビー・ワールドカップ2019の日本代表。31人中、何人が外国人ですか。―15人。

③様々な考えを持った代表チームをまとめるために、何が必要だと思いますか。―キャプテンのリーチ・マイケル選手、元キャプテンの廣瀬俊朗氏の「寛容」という言葉を伝える。

④（ニュージーランド代表が客席に「お辞儀」する様子を見せて）

　お辞儀をするのは日本の文化です。なぜ、ニュージーランド代表はお辞儀をしたと思いますか。―日本の人と繋がりたい。受け入れられたい。

【他社の関連教材】 東書5年 「『折り紙大使』～加瀬三郎」「同じ空の下で」／ 光村6年 「エルトゥールル号－友好の始まり－」／ 学図5年 「ブータンに日本の農業を」／ 光文6年 「フーバーさん」／ あかつき5年 「明日をひらく橋－西岡京治－」

3. 6年教材にプラスワン

【教材名】「その思いを受けついで」（内容項目：生命の尊さ）

【あらすじ】あと3か月の命と言われたおじいちゃん。おじいちゃんとの最期の日々を過ごしながら、過去の楽しかった日々を思い出す。おじいちゃんが亡くなったとき、枕元に「ぼく」への手紙が残されていた。

【プラスワン教材はこれ！】

「人には逢いたい人がいることを教える」（河田孝文編著『TOSS道徳「心の教育」(11)』明治図書、p.32～37）

残された者の切なさや嘆きを知ることで、命の大切さに気づかせる授業

①みなさんには、「逢いたいなあ」と思う人がいますか。

②世の中には、死んでしまったり、遠くに行ってしまったりして、「お母さんに会いたいなあ」と思っている人がいます。（手記を読む）。

③逆に、世の中には「我が子に会いたい」と思っている人がいます。子どもがどうなってしまった親ですか。―死んでしまった、家出した。

※作文は、『逢いたい』（永六輔／TBS土曜ワイドラジオTOKYO編、大和書房）より

【他社の関連教材】 東書6年 「お母さんへの手紙」／ 日文6年 「命のアサガオ」／ 光村5年 「命の詩－電池が切れるまで」 光村6年 「おじいちゃんとの約束」／ 学図6年 「カザルスの『鳥の歌』」／ あかつき6年 「未来を変える挑戦－スティーブ・ジョブズ」

（堀田和秀）

6 この題材に"このネタ"プラス／全社関連題材一覧

「教育出版」教材の利活用　4〜6年

 POINT! このプラスワン教材で、子どもが熱中する！

1. 4年教材にプラスワン

【教材名】「タイガとココア」（内容項目：自然愛護）

【あらすじ】アムールトラが動物園で生まれたが、母親のトラが育児をせず、人の力によって育てることになる。2頭は足が曲がっていたが元気に成長するが、タイガはまもなく死ぬ。飼育員たちは残されたココアを大切に育てていく。

【プラスワン教材はこれ！】

『子どもの心をわしづかみにする「教科としての道徳授業」の創り方』（河田孝文著、学芸みらい社、p.96）

　たくさんの命をいただいて生活している

①首かせをされたうさぎが、「ドレーズテスト」という実験に使われています。目に様々な薬品を入れているのです。こんな会社を許せますか。

②これらはシャンプーやリンスの材料です。人間の体に害がないように、衛生的問題がないかを確認するための実験をしています。もう一度聞きます。このような実験をしている会社を許せますか。

　この実験も大切な命をいただいて身の回りを安全で清潔に保っているのです。みんなは牛や豚や魚の肉を食べています。自分たちの犠牲になっている動物がいることも覚えておくことが大切です。

【他社の関連教材】　東書4年「また来年も待ってるよ」／日文4年「かわいそうなぞう」／光村6年「命の旅」／学研4年「ウミガメの命」／光文5年「自然を守るエゾリス」

2. 5年教材にプラスワン

【教材名】「たからもの」（内容項目：個性の伸長）

【あらすじ】何をやってもだめだと思い始めた「わたし」に、母親は、5年間毎日書いた日記があなたの宝物だと教える。

【プラスワン教材はこれ！】

「あやちゃんの贈り物　絵に託した生命の輝き」（河田孝文監修『TOSS道徳「心の教育」27』p.119）

熱中することの大切さを学ぶ

準備物：「あやちゃんの贈り物　絵に託した生命の輝き」

①あやちゃんは、将来画家になりたいと思っていました。

②あやちゃんは、白血病の不安を打ち消したものがありました。絵です。「もう嫌だ」「死にたい」と思った時も、絵を描き続けたのです。

③あやちゃんは7歳でこの世を去ってしまいました。しかしあやちゃんが描いた絵は世界中に勇気と感動を与えました。

　みんなが、これからもがんばり続けたいことは何ですか。

【他社の関連教材】　東書5年「感動したこと、それがぼくの作品〜パブロ・ピカソ〜」／　日文5年「マンガ家　手塚治虫」／　光村5年「世界最強の車いすテニスプレイヤー──国枝慎吾」／　学図5年「本当に好きなことは」／　学研5年「日本の『まんがの神様』」／　光文5年「短所も長所」／　あかつき6年「心は変わる」

3. 6年教材にプラスワン

【教材名】「生かされている『大切な命』」（内容項目：生命の尊さ）

【あらすじ】桜と父が登山し、そこで「生きる」ことについて会話する。寺にある詩「生かされている」を読み、心を動かされる。

【プラスワン教材はこれ！】

『子どもの心をわしづかみにする「教科としての道徳授業」の創り方』（河田孝文著、学芸みらい社、p.148）

命は続いていくもの。自分一人のものではない

準備物：動物と人の胎児写真　（ニワトリ、コウモリ、ブタ、ヒト）

①赤ちゃん当てクイズです。何だと思いますか。

②最初はみんな同じなのです。ではどうして生まれ方が違うのでしょう。

③それはDNAです。その中の命の設計図で、人間になるためのDNAが1個か2個あったためにみんなは人間になったのです。

④そのDNAの中には、みんなのお父さん、お母さんの設計図も入っています。

【他社の関連教材】　東書6年「お母さんへの手紙」／　日文6年「その思いを受けついで」／　光村3年「ヌチヌグスージ－命の祭り」／　光村6年「命のつながり」／　学図6年「火の夜の赤ちゃん」／　学研5年「母とながめた一番星」／　光文6年「生命のメッセージ」／　あかつき6年「星への手紙」　　　　　　　　　　　（大濱和加子）

「光文書院」教材の利活用 4～6年

 このプラスワン教材で、授業がさらに楽しくなる。

1. 4年教材にプラスワン

【教材名】「せきが空いているのに」（内容項目：親切、思いやり）

【あらすじ】電車に乗っていると、白い杖をついたおじさんが乗ってくる。お父さんにお願いして声をかけてもらうと、「ここに立つのが都合がいい」と言われる。でも、嬉しそうな顔を見て、「ぼく」も嬉しくなるという話。

【プラスワン教材はこれ！】

「いたわる心って？」（向山洋一監修『TOSS道徳「心の教育」（4）』明治図書、p.57～63）

「人にしてあげる幸せ」の大切さを学ぶ授業

①幸せには、3つの種類があります。1番目は「人にしてもらう幸せ」、2番目は「自分でできる幸せ」、そして3番目は「人にしてあげる幸せ」。この「人にしてあげる幸せ」は、3つの幸せの中でも最高の幸せです。

②3つの作文を読みます。あとで、感想を書いてもらいます。

※作文は、『教室で読み聞かせ：子どもの作文珠玉集2』（明治図書）の「いたわる心って？」「クリスマスプレゼント」を使う。

【他社の関連教材】 東書 4年「なにかお手つだいできることはありますか」／ 日文 4年「心と心のあく手」／ 光村 4年「思いやりのかたち」／ 学図 4年「ええことするのは、ええもんや！」／ 教出 4年「つながるやさしさ」／ 学研 4年「心の信号機」／ あかつき 4年「一まいの写真から」

2. 5年教材にプラスワン

【教材名】世界の文化遺産（内容項目：伝統と文化の尊重、国と郷土を愛する態度）

【あらすじ】日本にある世界遺産の話を聞いた佐々木くんが、広島の厳島神社について調べる。その文化を守るために人々がどのようなことをしているのかを調べてみたくなるという話。

【プラスワン教材はこれ！】

「日本が誇る世界遺産―屋久島・白川郷の感動」（長谷川博之編著『小学生が
シーンとして聴く道徳話100選』学芸みらい社、p.94〜95）

日本が世界に誇る遺産について、より深く学ぶ授業

①（「その１　屋久島」を途中まで読み聞かせ）縄文杉、樹齢はだいたい何年
　　ぐらいだと思いますか。―2170年以上。

②高さはどれぐらいあると思いますか。―13m、校舎の２倍。

③屋久杉を見た人は、その大きさに圧倒され、感動するんだそうです。

④（「その２　白川郷」を途中まで読み聞かせ）屋根が急な傾きになっている
　　のは、なぜですか。―雪の重みで崩れないようにする、屋根裏部屋を作る。
　　この屋根裏部屋で蚕を飼い、みんなで助け合って生活していたのです。

【他社の関連教材】 東書５年 「正月料理」「親から子へ、そして孫へと」、 光村６年
「ようこそ、菅島へ！」、 学図５年 「ちんもくのメッセージ」、 教出４年 「世界文化遺
産、姫路城を守る」

3.6年教材にプラスワン

【教材名】「夢に向かって−三浦雄一郎−」（内容項目：希望と勇気、努力と強い意志）

【あらすじ】80歳で３度目のエベレスト登頂に成功した三浦雄一郎さんがどの
ように夢をかなえるために生きてきたのか、その半生を描いた話。

【プラスワン教材はこれ！】

「夢をかなえるために」（向山洋一監修、TOSS「道徳」授業の新法則編集・執
筆委員会『「道徳」授業の新法則』学芸みらい社）

三人のプロ野球選手から「夢をかなえる」方法を学ぶ授業

①夢をかなえるには、何が必要だと思いますか。

②三人のプロ野球選手を紹介します。（プロに入ってすぐの「活躍できなかっ
　　たころのエピソード」を語る）

③この三人は、プロ野球の歴史に名を残す大選手になりました。彼らの生き方
　　から、「夢をかなえるために大切なこと」をノートに書きます。

※三名のプロ野球選手は、金本知憲氏、山本昌氏、桑田真澄氏。

【他社の関連教材】 東書６年 「夢」／ 日文６年 「iPS細胞の向こうに」／ 光村６年
「自分を信じて――鈴木明子」／ 教出６年 「人生を変えるのは自分（秦由加子）」／
学研６年 「レスリングの女王　吉田沙保里」／ あかつき６年 「夢に向かって」

（堀田和秀）

「廣済堂あかつき」教材の利活用 4〜6年

 POINT このプラスワン教材で、子どもの思考が深まる。

1. 4年教材にプラスワン

【教材名】「ごめんね、オオキンケイギク」（内容項目：自然愛護）

【あらすじ】地域のオオキンケイギク駆除活動に参加したくなかっためぐみ。それは、花のおかげで華やかな通学が楽しみだったから。なぜ駆除が必要かというおじさんの話を聞いて、知らなかったり、知ろうとしなかったりしたことを恥じた。めぐみは花に「ごめんね」と思いながら手に力を込める。

【プラスワン教材はこれ！】

「気をつけて！危険な外来生物」（東京都環境局ＨＰ）

①あなたが知っている外来生物は何ですか。

②その外来生物が日本在来の生物にもたらす影響は何でしょう。

③それを食い止めるための手立てをできるだけたくさん挙げましょう。

【他社の関連教材】 東書4年 「また来年も待ってるよ」「ふれあいの森で」／ 日文4年 「小さな草たちにはく手を」

2. 5年教材にプラスワン

【教材名】「ヘレンと共に　－アニー・サリバン－」（内容項目：希望と勇気）

【あらすじ】信念を持ち、くじけず努力を重ねるアニーの生き方を理解し、より高い目標を持ち、困難があっても努力する意欲を培うことがねらい。視覚・聴覚・言語に障害を抱えたヘレンの家庭教師を引き受けたアニー。厳しい指導を続け、ヘレンに物に名前があることを理解させた。ヘレンと共に大学に通い、講義の内容を手に書き続けた。

【プラスワン教材はこれ！】

「51習い事が上達しなくなったとき」（村野聡・保坂雅幸『対話型ワークシート題材70』学芸みらい社、p.110）

①あなたの意見は、「続ける」「辞めて別のことをする」「休んで考える」のうちどれに近いですか。

②友だちの考えに意見を言いましょう。

③これから、何かを選ぶ時、どのように考えればよいでしょう。

【他社の関連教材】　東書5年　「いつも全力で−首位打者イチロー−」、「ベートーベン」 ／ 光村5年　「世界最強の車いすテニスプレイヤー——国枝慎吾」 ／ 学図5年　「今しかできないことをがんばって！」 ／ 学研5年　「ライバルは自分自身」 ／ 教出5年　「新幹線開発物語」 ／ 光文5年　「氷上の挑戦−浅田真央−」

3. 6年教材にプラスワン

【教材名】「メジロ」（内容項目：生命の尊さ）

【あらすじ】主人公の心の動きを通して、生命の有限性・連続性を理解し、生命の尊さについて深く考えることがねらい。自分勝手な考えからメジロを捕まえ、死なせてしまった主人公。巣に戻したが、ひなも死んでしまった。50年たった今でも思い出す。

【プラスワン教材はこれ！】

「命ってすごい—頭だけのカブトムシ—」（第54回小・中学校作文コンクール）

どんな小さな生き物でも持っている、命の力強さと尊さを学ぶ授業

①「生き物ってすごいなぁ」と思うのは、どんな時ですか。

②あなたが生き物を大切にした経験を隣の人に話しましょう。

③あなたも命を持っています。今「これは必死にがんばろう！」と思うことは何ですか。

④「命」とは、どういうものですか。

※以下のサイトで「命ってすごい−頭だけのカブトムシ−」の全文が読めます。

https://www.pref.nagasaki.jp/shared/uploads/2013/07/1374641930.pdf

【他社の関連教材】　東書6年　「命の重さはみな同じ」「お母さんへの手紙」「東京大空襲の中で」 ／ 光村6年　「命の旅」 ／ 光文6年　「自然のゆりかご」

（三枝亜矢子）

善悪の判断、自立、自由と責任 **4年**
「ドッジボール」（東京書籍）

 明さんの行動から、勇気をもって正しい行動をする大切さについて考える。

【主体的な学びの発問指示】明さんや登さんの行動を、どう思いますか。

【対話的な学びの発問指示】自分がクラスにいたら、明さんや登さんのような勇気ある行動ができますか。できませんか。

【深い学びの発問指示】勇気をもって行動できない時は、どうしますか。

　生活体験と比較しながら資料を読み深め、自分だったらどうするのかを考え、学級全体で議論を深めることを通して、正しいと思ったことは勇気をもって主張することの大切さやその難しさについて考えさせたい。

1．教材に触れさせる（読み聞かせをする）

【指示1】「ドッジボール」。先生が読みますから、聞きなさい。

【指示2】お隣同士で感想を言いましょう。

・明さんは、正しいことをしていてよかったと思います。

・登さんは、静かな子だけど、勇気を持って話をして偉いと思います。

2．お話の状況を理解させる（登場人物や状況設定）

【発問1】登場人物は誰ですか。

【発問2】いく子さんは、何をしましたか。

【発問3】ボールが当たった一郎さんは、どうしましたか。

【発問4】このお話の何が問題ですか。

【発問5】簡単に言うとどんな話ですか。お隣に言います。（数名指名）

　全体の場で内容の確認をする。以下のような内容についての発言が出る。

・アウトかセーフか分からなくなり、トラブルになった話。

・登と明が勇気を出して正しいことを友だちに意見した話。

> 【発問6】一郎さんの行動についてどう思いますか。
> 【発問7】明さんや登さんの行動については、どう思いますか。

隣の人と意見交換の後、指名して、全体で共有する。

・一郎さんは、ルールを守らない、悪い人。また自分勝手な人。
・明さんや登さんは、勇気を出して正しいことをしようとしている。よい人。

3．主発問を行い、討論する

【主発問】
> 自分がクラスにいたら、明さんや登さんのような勇気ある行動は、できますか。できませんか。

〈勇気ある行動ができる〉
・みんなが楽しくなくなるから、言います。
・昼休みは、楽しく過ごしたいから、一郎さんに伝えます。

〈勇気ある行動ができない〉
・見ていたけど、相手が一郎さんだから、言いにくい。
・言ったら、友だちだから仲が悪くなそうで言いたくない。

4．自分の生活について振り返る

> 【発問8】悪いと分かっていても、勇気を持って行動することは難しいですね。このような場面では、これからどのようにしますか。

・友だち、先生、家族に相談してみる。
・言いにくいと思うので、友だちと一緒に言う。

> 今日の授業の感想をノートに書きなさい。

5．道徳の主たる内容項目との関連

　4年生ともなると善悪も判断でき、「こうしなくてはいけない」「悪いことはしてはいけない」という道理も理解できるようになってきている。

　しかし、同級生同士であったり、仲の良い友だちに対しては何となく遠慮してしまったり、気が緩んでしまったりすることもありがちである。

　思春期にさしかかり、分かっていても正しく行動に移しきれない気持ちも芽生える時期であるからこそ、本当の勇気について考え、正しく行動に表そうとする態度を養いたい。

6．自分の生活経験を振り返る発問

　本教材は、自分たちの生活でも起こる話である。そこで自分の生活経験を振り返るために、

> 自分だったら明さんや登さんのような勇気のある行動はできる？　できない？

と問うことで、自分のこととして考え、気持ちの葛藤が生まれる。

　その気持ちの葛藤を友だちの考えと自分の考えとを比べながら聞いたり、友だちの考えにつなげて自分の言葉で発言したりすることで、この場面について多面的に考えることができる。また、

> 悪いと分かっていても、勇気を持って行動することは難しい。どうしますか。

と問い直すことで、いろいろな行動が見えてくる。

　勇気を持って伝えることは大切だが、自分たちの生活に振り返ると、リアリティがない。ここでも友だちと意見交換をすることで多角的に物事に捉えることができ、本教材の価値に迫ることができる。

【評価のポイント】　※発表・感想を元にする。

価値理解　「悪いことには、勇気を持って行動したい」といった内容が書かれているか。

人間理解　「悪いことは友だちに注意しないといけないと分かっているけど、行動にすることが難しい」といった発表や内容が書かれているか。

他者理解　意見が反対の友だちを認める場面が発表の中であったか、または、反対意見への感想が書かれているか。

（宇田誠太郎）

1 「自分自身」を磨く道徳授業（2）

正直、誠実
「手品師」（東京書籍）

6年

 少年との約束と友人との友情の葛藤を自分に投影しながら、思ったことを伝え合う。

【主体的な学びの発問指示】あなただったら、少年との約束と友人からの
　　　　　　　　　　　　　誘い、どちらを選びますか。

【対話的な学びの発問指示】全員が幸せになるために、手品師はどうすれ
　　　　　　　　　　　　　ば良かったと思いますか。

【深い学びの発問指示】どの意見が最もよいと思いましたか。

　本資料は、腕はいいがあまり売れない手品師が、大劇場のステージで演技をするチャンスをもらい、友人との友情と少年との約束の狭間で葛藤する話である。自分だったらどうするのかを考える中で、自分を主人公である手品師に重ね合わせながら考える姿を期待する。

1．教材に触れさせる（読み聞かせをする）

【指示1】「手品師」。先生が読みますから、聞きなさい。
【指示2】お隣同士で感想を言いましょう。

・少年の約束を大事にしたんだね。
・友人の誘いを受ければスターになれたのかもしれないのに。

2．お話の状況を理解させる（登場人物や状況設定）

【発問1】登場人物は誰ですか。
【発問2】簡単に言うとどんな話ですか。

・腕がいい手品師が、大劇場のステージに立つというチャンスを友人からもらったんだけれど、断って少年との約束を守った話。

【発問3】 あなただったら、少年との約束と友人からの誘い、どちらを選びますか。

　ここでは、互いの立場の意見を言い合わせた上で、どちらの意見も少年か友人、どちらかは悲しい思いをしてしまうことをおさえる。

・最初に少年と約束をしていたのだから、守るのは当然だと思う。
・少年との約束。もしも少年との約束を守らなかったら、きっと少年はすごく悲しむと思う。
・友人からの誘い。せっかく大劇場に行くチャンスなんだから、無駄にしてはいけない。

3．主発問を行い、討論する

【主発問】
全員が幸せになるために、手品師はどうすればよかったと思いますか。

・少年に置き手紙をすればよかった。公園に手紙を置いてから、急いで電車に乗ればよかったと思う。
・大劇場でスターになった後、少年をその劇場に呼んではどうかな。
・次の日、必ず公園に行って、事情を説明する。

【発問4】 どの意見が最もよいと思いましたか。

・置き手紙をするのはいいと思う。大劇場に行った次の日に公園に行くというのも分かるけれど、もしもスターになったら帰ってこられないかもしれない。
・いつかスターになった後、その少年を招待してあげるという意見がいいと思った。そうすれば少年も喜ぶと思う。

今日の授業の感想をノートに書きなさい。

1　二項対立を超えた多面的・多角的な考えの形成

「もしもあなただったらどうするか？」という発問は、自分を登場人物に重ね合わせるという手法として、しばしば見られる。自分だったらどうするか？と

自分のこととして捉えられるという点で、使い勝手がよく、子どもたちが熱中する発問である。ただ、それだけでは意見の出し合いで終わってしまうこともある。

　そこで、さらなる深化を図るため、より良い解決策を探るという発問も大事にしたい。今回の例で言えば「全員が幸せになるために、手品師はどうすればよかったと思いますか」という発問である。ターニングポイントを問う発問として使われることもある。手品師の行動の是非を論じる話し合いではなく、具体的な場面設定や友人・少年の思いなど、様々な観点から考えることができる。さらに、この発問をすることで、自分が近い将来、似たような場面に遭遇しても、この授業を糧にして対応することが可能になる。また、この教材文の「おかしさ」に目を向ける子もいるかもしれない。（例：「貧乏」のはずなのに、電話がある。）様々な観点から、この文章について考えることができる。

2　憧れの討論の授業へ

　この授業は討論になりやすい。「少年との約束か、友人からの誘いか、どちらを取るか」は二項対立の発問であり、答えが片一方に決まらず、さらにどちらの意見にも一定の人数が集まる。討論など自分の学級ではとてもまだ……という人も、まずはそれぞれの意見をできるだけ全員に言わせてみることを勧めたい。そして多少、互いに質問や反対意見を述べた後に次の発問に移るのである。いつかは自分も討論の授業を……と思うのであれば、このような討論になりやすい授業で、少しずつ子どもたちが討論の形式に慣れていけるように指導していけば良い。そのような討論に至るステップを組み立てることも教師の技量の一つである。

【評価のポイント】　※発表・感想を元にする。

価値理解　自分ならどのような選択をするのか、理由付きで書かれているか。

人間理解　「二つの選択肢のうち、どちらか片方を選ぶことの難しさ」に関する発表があったか。あるいは同様の内容が書かれているか。

他者理解　登場人物が幸せになるためには様々な方策があることを知り、自分なりに考えた方策がワークシートの中に書けたか。または、感想に書かれているか。

（田形智）

節度・節制
「お母さん、お願いね」（東京書籍）

 「わたし」の行動から、自分自身でできることを他人に任せていないかを考えさせる。

【主体的な学びの発問指示】自分でできることを他人に任せる「わたし」をどう思いますか。

【対話的な学びの発問指示】人に頼ることは悪いことなのですか。

【深い学びの発問指示】自分ができるのに他の人に任せていることはありませんか。

　高学年になってもまだまだ親に甘えて頼ってしまう。頼っていながらいざ何かうまくいかないと人のせいにしてしまうことがある。人を頼らずに自分のことは自分でするという節度や節制を心がけるきっかけになる教材。

1．教材に触れさせる（読み聞かせをする）

【指示1】「お母さん、お願いね」。先生が読みますから、聞きなさい。

【指示2】お隣同士で感想を言いましょう。

・主人公がわがままで自分でやらないからいけない。

・わたしも朝起こしてもらったりするからこの子の気持ちはすごく分かる。

2．お話の状況を理解させる（登場人物や状況設定）

【発問1】登場人物は誰ですか。

【発問2】どんな事件がありましたか。

・夜遅くまでパズルをやっていて次の日の朝起きることができなくて遅刻してしまった。

【発問3】「わたし」は、どんな子ですか。

【発問4】「わたし」が「はっと」しています。なぜはっとしたのですか。

・お母さんに悪いと思ったから。

・自分のことを自分でやらなかった自分を振り返って反省している。

【発問5】自分でできることをお母さんに任せている「わたし」をどう思いますか。

・ひどいと思う。自分でできることはしっかり自分でやった方がいい。

・自分でやった方がいいのは分かっているけれど、正直、自分のことを考えると頼ってしまっている部分はある。

【発問6】みんなはお母さんに任せていることはありませんか。

・朝、起きられなくて、お母さんに起こしてもらっている。

・服を脱ぎっぱなしにしてしまっている。

3．主発問を行い、討論する

【主発問】
人に頼ることは悪いことなのですか。

〈悪いこと〉

・自分でできるのに自分でやらないのはよくない。

・自分のことは自分でやるべき。さらにお母さのせいにするなんてダメ。

〈悪いこととも言えない〉

・頼りすぎはよくないけれど、少し頼ってしまう部分もある。

・朝起きるとかは自分でやった方がいいけど、頼っちゃう部分はある。

4．自分の生活について振り返る

【発問7】自分でできるのに人に任せていること、どんなことがありますか。
【発問8】これからどのように生活していきますか。

・甘えすぎはよくないので、自分にできることは自分でやる。

・これからは、自分で少しずつできることを増やしていく。

1　いかにして自分の生活と結びつけるか

　道徳の授業で大切なのは、教材を自分の生活につなげるということだ。この教材「お母さん、お願いね」は、まさに生活につながる教材だ。教材の中の「わたし」の行動に対しては、ダメだという児童がたくさんいるだろう。しかし、自分の生活を見直すと、同じことをやってしまっているという状況に気付かせていきたい。

2　あおりながら生活経験を語らせる

　このような生活に密着しているような授業では、どの子の意見も教師は受け入れる姿勢が大切だ。正解を求めて授業を進めるのではなく、本音を子どもが言えるようにしていく。しかし、状況によっては、本音が言えない場合がある、そこで、教師が、ダメなのは分かるけど、みんなやらないの？　本当にやらないの？　といったあおりが必要になる。

3　家庭との連携をする

　自分の生活の見直しは、自己形成のうえで大切なものだ。以下のような文を学年便りや学級通信で紹介し、家庭でも自分の生活を見直すきっかけにしていってもらう。

　「道徳の授業で自分の生活を見直す学習を行いました。家庭生活の中に子どもが習得し生かしていく学びの素材はたくさんあります。家族の協力や励まし、称賛を織り交ぜながら、この時期を大切に過ごしていただきたいと思います」

【評価のポイント】　※発表・感想を元にする。

価値理解　「自分のことは自分でやりたい」といった内容が書かれているか。

人間理解　自分でやることは分かっているけれど、自分でできないこともある」といった発表や内容が書かれているか。

他者理解　自分の意見と反対の友だちの意見を認める場面が発表の中であったか、または、感想に書かれているか。

（前田吉法）

1 「自分自身」を磨く道徳授業（4）

個性の伸長
「うめのき村の四人兄弟」（東京書籍）

 困難を乗り越えた兄弟の姿から自分や友達を見つめ直し、思ったことを伝え合う。

【主体的な学びの発問指示】なぜ、おとうは兄弟それぞれに仕事を頼んだのか

【対話的な学びの発問指示】友だちのよさを知るために、よいところを見つめましょう

【深い学びの発問指示】友だちと伝え合いをして、どんなことを感じましたか

　本資料は、うめのき村の四人兄弟が、それぞれの長所や能力を発揮して協力することによって、嵐から村を守り、一人一人の活躍ぶりについて、父親から褒めてもらえたという話である。

1．教材に触れさせる（読み聞かせをする）

【指示1】「うめきの村の四人兄弟」。先生が読みますから、聞きなさい。

【指示2】お隣同士で感想を言いましょう。

・四人の兄弟がいたから、嵐でも大丈夫だったんだ。

・力を合わせることは、大切だと思いました。

2．お話の状況を理解させる（登場人物や状況設定）

【発問1】登場人物は誰ですか。

【発問2】出てきた人は、どんな人でしたか。

【発問3】どんなことが起こりましたか。

【発問4】簡単に言うとどんな話ですか。お隣に言います。（数名指名）

　全体の場で内容の確認をする。以下のような内容についての発言が見られる。

・嵐が来た時に、四人の兄弟で力を合わせて、困難を乗り切った話。

・四人のよいところを生かして力を合わせた話。

【発問5】 なぜ、おとうは兄弟それぞれに仕事を頼んだのか。

全体の場で指名して、考えを広げ、四人で困難を乗り越えたことをおさえる。
・四人には、それぞれよいところがあったから。
・自分のよさを生かしてほしいと思ったから。

【発問6】 おとうに褒められた四人は、なぜ笑顔になったのだろうか。

・自分にもできることがあると分かった。　・みんなで協力できたから。

3．主発問を行い、討論する

【主発問】
友だちのよさを知るために、友だちのよいところを見つめましょう。
【説明1】 ペアで活動をします。ペアでお互いのよいところ、がんばっている
　　　　　ところを見つけてワークシートに書きましょう。（書く時間を設ける。）

【指示1】 隣の人について書いたことを伝え合いましょう。
【発問7】 友だちのよいところはどんなところがありましたか。（全体の場）

・○○さんは、いつも困っている人を助けているね。
・○○くんは、どの授業でも発表の声が大きくていいね。
・みんながいない時でも、○○さんは、ゴミ拾いをしています。

4．自分の生活について振り返る

【発問8】 友だちと伝え合いをして、どんなことを感じましたか。

・自分にも良いところがあると思いました。
・自分も知らない自分のよさを知りました。
・いつも言われないから、嬉しかったです。
・友だちにもよいところがたくさんあると思いました。

【指示2】 今日の授業の感想をノートに書きなさい。

1　道徳の主たる内容項目との関連

　個性とは、個人特有の特徴や性格であると言われている。個性の伸長は、自分のよさを生かしさらにそれを伸ばし、自分らしさを発揮しながら調和のとれた自己を形成していくことである。児童が自分らしい生活や生き方について考えを深めていく視点からも、将来にわたって自己実現を果たせるようにするためにも重視しなければならない。他の人々の多様な個性に触れる中で、児童が自分の特徴に気付き長所を自覚し、互いに尊重し合ってよさを伸ばそうとする心情を育てたい。

2　友だちや自分のよさを見つけ、自分自身を多角的に捉える活動

　日常生活で自分のよさや個性を認知する機会は少ない。そこで友だちが感じているよさを伝え合う活動を取り入れて、自分を見つめ直していく。その中で友だちや自分のよさと問われても書きにくい子もいる。そこで以下のように場面を限定して具体的にして考えることで誰もが書きやすくなる。
「友だちが○○な時」「家族が○○な時」「先生がいない時」など。

3　読み聞かせは、内容理解ができるように「はっきり、ゆっくり」

　本教材は登場人物が多く、性格の特徴もそれぞれである。価値に迫る前に、状況設定を理解できない子も出てくるだろう。そのため読み聞かせの段階では、内容が分かるように読み方を工夫する必要がある。そうすることで、自分自身や友だちについて見つめ直す活動を多くすることができる。

【評価のポイント】　※発表・感想を元にする。

価値理解　「自分にも友だちにもよいところがあった」という内容が書かれているか。

人間理解　「それぞれのよさを知り、これからの生活に生かしていこう」とする発表や内容が書かれているか。

他者理解　友だちのよさやがんばっていることがワークシートの中に書けたか。または、感想に書かれているか。

（宇田誠太郎）

1 「人との関わり方」を磨く道徳授業（5）

希望と勇気、努力と強い意志 5年
「世界最強の車いすテニスプレーヤー──国枝慎吾」（光村図書）

 困難に立ち向かう国枝選手の話から、目標に向けて努力しようとする気持ちを育む。

【主体的な学びの発問指示】東京パラリンピックで優勝すると思いますか。

【対話的な学びの発問指示】あなたなら怪我を乗り越えて試合に出場しますか。

【深い学びの発問指示】もしあなたが僕なら、南田に勝つことを諦めますか。

　男子車いすテニスで、歴代最多43のグランドスラムタイトル保持者である国枝慎吾選手。このように偉大な記録を作るには、今までどのような苦労や努力があったのかをエピソードで語る教材である。

1．国枝選手の紹介をする

【発問1】この人、知っている人。

・知らない。

【説明1】世界で最も有名なスポーツ選手です。

【発問2】何のスポーツか分かりますか。（顔→体全体と映していく）

・テニスだ。

【説明2】車いすテニス界で最も有名な、国枝慎吾選手です。車いすテニス界最高峰の大会、グランドスラムで歴代最多43回、優勝しています。

【発問3】国枝選手が試合の時、いつも唱えている言葉があります。「俺は○○だ」。何だと思いますか。

・無敵　　・最強　　・王者

【説明3】「俺は最強だ」。挫けそうな自分の心を奮い立たせます。

【発問4】国枝選手はこれまで、何一つ苦労なく、生きてきたと思いますか。

・思わない。

【説明4】2012年パラリンピックの前に、右ひじを手術しました。

【発問5】あなたならけがを乗り越えて、試合に出場しますか。

・する　　・しない

【説明5】けがを乗り越え、優勝しました。

【説明6】2016年パラリンピック前、再び右ひじを手術しました。

【発問6】あなたならけがを乗り越えて試合に出場しますか。

・する。　　・しない。

【説明7】けがを乗り越え、出場しました。そして、準々決勝で破れました。

【発問7】36歳の現在、国枝選手には夢があります。「□で優勝」どんな言葉？

・東京パラリンピック

【発問8】東京パラリンピックで優勝すると思いますか。

・する　　・しない

2．資料に触れさせる（読み聞かせをする）

【指示1】資料を読みます。

【主発問】
もしあなたが「僕」なら、南田に勝つことを諦めますか。

・諦めません。国枝選手はけがを2回も乗り越えました。僕もがんばります。

・諦めます。どうしても勝てない相手はいると思います。

【指示2】授業の感想をノートに書きましょう。

・僕も国枝選手のように、自分が最強だと思って夢をかなえられるように努力
していきたいです。

・学級会で決めた長縄の目標を達成できるようにがんばりたいです。

3．授業のポイント

1　内容項目との関連

　高学年になると、学校の内外で自分の目標を持って、取り組む児童も多い。目標を成し遂げるには努力が必要である。努力ができないで、目標を諦めてしまう児童も多いだろう。成し遂げられなかった経験は、自己効力感の低下に繋がる。自己効力感の高さと学力には正の関係があるとの研究結果も出ており、重要になってくる。（日本青少年研究所）

　困難に立ち向かう国枝選手の姿に、自分を投影し、困難に立ち向かおうとする気持ちを養いたい。運動会前など学級で一致団結して目標に取り組んでいる時に実施することで、子どもの理解は深まる。

2　事実で語る

　国枝選手の生き方は、それだけで子どもたちに大きな影響を与えるだろう。可能なら、国枝選手がテニスをしている様子や、パラリンピックで優勝したシーンを見せたい。教師が口で説明するより何十倍もの説得力があるだろう。国枝選手を通して、人間の生き方の原理原則を伝えるのだ。

3　他教科との関連

　本授業に関連した内容は、他の教科でも取り入れることができる。総合的な学習で福祉について学習した時に、車いすを運転した子なら車いすでテニスをする大変さが一層理解できる。東京オリンピック・パラリンピック教育としても使えるだろう。教科横断的な視点で授業を設計することで、より子どもたちの理解は深まる。

【評価のポイント】　※発表・感想を元にする。

価値理解　「目標に向かって努力することが大切」といった内容が書かれているか。

人間理解　「国枝選手の努力する姿を理解する」発表や内容が書かれているか。

他者理解　自分の目標へ諦めずに努力しようとする内容が書かれているか。

（萩原大夢）

真理の追究
「まんがに命を～手塚治虫 日本のテレビアニメの生みの親」(東京書籍)

6年

偉人の生き方から、より創造的で可能性に富む生き方をする意欲をもたせる。

【主体的な学びの発問指示】あなたが治虫なら、諦めますか。諦めませんか。
【対話的な学びの発問指示】なぜ治虫は、諦めないのですか。
【深い学びの発問指示】あなたがこれからがんばっていきたいことは何ですか。

　手塚治虫は、幼い頃にアニメを見て「どうして絵が動いているように見えるのだろう」と疑問を抱き、自分の力でアニメを作りたいという思いを貫いて、その生涯を全うした。困難に阻まれながらも、自己実現に向けて諦めずに生き続けた治虫の信念に焦点を当て、授業を展開する。

1．教材に触れさせる（読み聞かせをする）

【指示1】「まんがに命を」。先生が読みますから、聞きなさい。

2．お話の状況を理解させる（登場人物や状況設定）

【発問1】誰の話ですか。
【発問2】一言で言うと、どんなお話ですか。「治虫が～した話」

・治虫が夢を叶えた話。

【発問3】治虫の夢は、何ですか。

・自分のアニメを作ることです。

【発問4】治虫の夢は簡単に実現しましたか。そうではありませんか。

　二択にして挙手をさせ、確認する。

> 【発問5】なぜ簡単に実現しなかったのですか。理由をノートに箇条書き
> で書きます。

・たくさんのお金がかかるから。
・たくさんのコマを用意しなければならないから。

3. 主発問を行い、討論する

【主発問】
> あなたが治虫なら、夢を諦めますか。諦めませんか。理由もあわせてノー
> トに書きなさい。

〈諦める意見〉
・なぜなら、たくさん時間をかけることをやりたくないからです。
・なぜなら、協力してくれる人が少ないかもしれないからです。
〈諦めない意見〉
・なぜなら、諦めてしまうとアニメを作ることができないからです。
・なぜなら、誰に何と言われようと、自分がやりたいことだからです。

> 【説明】しかし、治虫は夢を諦めませんでしたね。
> 【発問6】なぜ、治虫は夢を諦めなかったのですか。

・自分たちの作ったアニメを子どもたちが楽しんでくれていて、それが喜びと
　ほこりであり、パワーのもとだったから。
・夢を諦めたくないから。

> 【発問7】みなさんは、これからがんばっていきたいことはありますか。
> 今日の授業の感想をノートに書きなさい。

・僕も自分の夢に向かってがんばっていきたいと思いました。
・私は、ピアノをがんばっているので、諦めずに続けていこうと思いました。

1　道徳の主たる内容項目との関連

　本授業は、内容項目の「Ａ　主として自分自身に関すること」に含まれる

［真理の探究］で構成した。同内容項目の［努力と強い意志］と類似している
ため、あらかじめ実態を踏まえて子どもの意見を予想し、狙っている内容項目
とズレがある場合は教師の言葉がけで修正していくことが必要である

2　自分のこととして考えることを大切にする

　道徳の授業で偉人を扱う際、「治虫はすごい人だと思いました」というよう
に、自分のことに置き換えられず、終わってしまうことに気を付けなければな
らない。偉人から学んだことをどうやって自身の生き方に取り入れられるかを
考え、日常に落とし込んでいく。そのため、今の自分を見つめ直し、がんばり
続けていることやこれから挑戦したいことに対して、どういう思いで行動して
いくか、自己決定をしていく力を養いたい。

3　偉人のおかれた状況を自身に投影させ、道徳的判断力を養う

　授業で扱われる偉人は、並外れた努力をしていたり様々な逆境に立ち向かっ
たりしており、小学生が同じような状況になった経験がほとんどない。そのた
め、自分のこととして考えることが難しい。状況設定をしたところで、あなた
ならどうするかという発問は、ねらいとする内容項目に迫る重要な発問である
と言える。また、「なぜ、治虫は夢を諦めなかったのですか」と発問すること
で、治虫の置かれた状況を想像して、よりよい自分を目指していく生き方の過
程を考えることができる。

【評価のポイント】　※発表・感想を元にする。

価値理解　「真理を大切にし、物事を探求しようとする心をもつことの大
　　　　　切さ」に関する内容が書かれているか。

人間理解　よりよい自分に向かって、がんばっていることやこれから挑戦
　　　　　したいことが、理由や手立てを含めて具体的に書かれているか。

他者理解　自分の考えと反対の考えを認める場面が発表の中であったか。
　　　　　あるいは、感想の中に書かれているか。

（大内裕生）

親切、思いやり
「くずれ落ちただんボール箱」（東京書籍）

5年

相手の気持ちを思いやり、進んで親切にすることのよさについて考えさせる。

【主体的な学びの発問指示】あなたなら「わたし」のように手伝えますか。
【対話的な学びの発問指示】知らない人が困っている時、手伝うべきですか。
【深い学びの発問指示】怒られたことに対して、どう思いますか。

　自分だったら「わたし」のように親切な行動をとれるかを考えることにより、親切な行動をとることの意味に気付かせたい。

1．資料に触れさせる（読み聞かせをする）

【指示1】「くずれ落ちただんボール箱」。先生が読みますから、聞きなさい。
【指示2】お隣同士で感想を言いましょう。

・「わたし」が報われてよかったと思います。
・注意されて嫌な気持ちになったけど、最後に褒められてよかったです。

2．お話の状況を整理する

【発問1】登場人物は誰ですか。

・わたし　・友子　・おばあさん　・男の子　・店の人　・校長先生

【発問2】なぜ多くの人は手伝わなかったのですか。

・恥ずかしいし、誰かが手伝うだろうと思っていたからです。

【発問3】男の子が段ボールを落とした時、「わたし」と友子はどうしたのですか。

・拾ってあげました。・段ボールを拾っているおばあさんの手伝いをしました。

【発問4】そんな2人に対してお店の人は何と言ったのですか。

・「こまるわね。こんなにしてしまって。ここは遊び場じゃないのよ」です。

3．自分のこととして考える

【発問5】あなたなら「わたし」のように手伝えますか。

・手伝えます。　　・手伝えません。
・時と場合によります。今回のように責められるのだったら手伝いたくないです。

【発問6】怒られたことに対して、どう思いますか。

・せっかくよいことをしたのに、おかしいと思います。
・もうよいことをしたくなくなります。

4．主発問を行い、討論する

【主発問】
　知らない人が困っている時、手伝うべきですか。

【指示3】どちらか一方に手を挙げましょう。
手伝うべきだと思う人。手伝うべきでないと思う人。
【指示4】挙手が少ない方から発表しなさい。
・私は手伝うべきでないと思います。なぜならよいことをしても、嫌なことを言われるかもしれないからです。
・私は手伝うべきだと思います。なぜならよいことが待っているからです。

【発問7】お店の人は学校に手紙をくれました。どのような内容だったのですか。

・「わたし」と友子への謝罪です。　・感謝の内容です。

【指示５】今日の授業の感想をノートに書きなさい。

５．授業のポイント

（１）自分のこととしてとらえる

　主人公に大きな変化がない教材は、発問が作りにくい。そのような場合には「自分にはそのような生き方ができるかどうか」を問うとよい。それならばどの子も考えることが可能である。そしてその理由を問う。「できない」と言う子もいるだろうが否定はしない。

（２）自分の考えを確定させる

　テンポよくどちらかに挙手させる。発表よりも簡単な自己表現であるため、特別な支援を必要とする子どもにもやさしい。それでもできない子どもがいる場合、黒板にネームプレートを貼らせる方法を試すとよい。多くの意見が集まっている方に貼ればよいため、なおやさしい。

（３）振り返りを書かせる前に力のある説話を取り入れる

　教師の体験談だけでなく、時には偉人やヒーローの話を取り入れるのもよい。話し方も単調に説明し続けるだけでなく、２、３か所程度に問題を用意することで子どもの食いつきが変わる。

（４）感想を書く時の３つの視点

　①授業前、今までの自分はどうだったか。

　②今日の授業で何を学んだのか。

　③自分はこれからどうしていきたいのか。

【評価のポイント】　※発表・感想を元にする。
価値理解　「親切な行動をとりたい」といった内容が書かれているか。
人間理解　正しい考えと自分の思いをそれぞれ書けているか。
他者理解　自分の意見と反対の友だちの意見を認める場面が発表の中であったか、または、感想に書かれているか。

（木内秘花）

2

「人との関わり方」を学ぶ道徳授業(2)

感謝
「土石流の中で救われた命」（東京書籍）

6年

生活が助け合いや協力で成り立っていることに感謝し、他者の気持ちに応えていくことを話し合う。

【主体的な学びの発問指示】助け合い、協力し合うことが大事であることを理解し、感謝の心をもっていると、どんないいことがありますか。

【対話的な学びの発問指示】いろいろな人のおかげで自分の生活が成り立っていると実感したことはありますか。それはどんなことですか。

【深い学びの発問指示】育児日記に「2度目の誕生日」と綴った久保田さんの心持ちはどういうものですか。

　自分たちや世の中のために尽くしてくれる人々の支えや援助を意識し、その気持ちを理解することは、大切なことである。

1．資料を読み聞かせる

【指示1】「土石流の中で救われた命」。先生が読みますから、聞きなさい。
【指示2】お隣同士で感想を言いましょう。

・久保田さん親子が助かってよかった。
・有村さんは自分がけがをしているのに、救助活動をして立派だな。

2．お話の状況を整理する

【発問1】登場人物は誰ですか。
【発問2】パトカーに入れてもらった久保田さん親子が土砂に襲われた時、前田さんは何をしましたか。

・パトカーのドアを開け、久保田さん親子を助け出した。

【発問3】 土砂にのみ込まれた有村さんが出てきて、けがをしているのに、したことは何ですか。

・けがをした女性など何人もの人を救助した。
・自分より先に船にみんなを乗せ、自分は一番最後にした。

【発問4】 簡単に言うとどんな話ですか。お隣に言います。（数名指名）

・土石流が発生した時、近くにいた警察官2人がみんなを助け出した。その姿に感動したみんなが協力して、居合わせた久保田さんが感謝をした話。

【発問5】 この教材は何を伝えたいのですか。

・互いに助け合い、協力し合っていることを理解し、それに対して感謝の念を持って生きていくことが大事であること。

【主発問】

助け合い、協力し合うことが大事であることを理解し、感謝の心を持っていると、どんないいことがありますか。

・困難な事態が起きた時、自分が助けてもらった経験から、何か人のためになろうと行動を起こせる。
・自分が今あるのは、周りの人々に支えられてきたことに気づき、自分も支えになろうとできるから。

3．自分ごとに置き換えて考える

【発問6】 いろいろな人のおかげで自分の生活が成り立っていると実感したことはありますか。それはどんなことですか。

・ある。小さい頃、病気で入院した時。

【発問7】 どんなことを実感しましたか。

・家族がいろいろ世話をしてくれなければ、自分だけではどうにもできない。
・先生や友だちが手紙を書いてくれて嬉しかった。

【発問8】育児日記に「２度目の誕生日」と綴った久保田さんの心持ちは
どういうものですか。

・みんなのおかげで生き延びたことに感謝して、大事な日であることを刻んでいる。

４．授業のポイント

（１） 道徳の主たる内容との関連

高学年の段階においては、感謝の対象を人だけではなく、多くの人の支え合いや、過去や未来を含めた社会全体へと広げたい。ひいては、生きていることに感謝し、自分自身がどのように生きていくかを考えさせたい。

本教材は、平成５年の集中豪雨の際、２人の警察官が多くの命を救った実話である。事実の前に、人としてどうあるべきかを、大いに考えることができる。

（２） 主体的に授業に参加できる工夫

この教材は、文章量が多い。情報をより理解できるよう、地図や写真などを用いたい。ＮＨＫプロジェクトＸ「絶体絶命650人決死の脱出劇～土石流と闘った８時間～」を元にした教材であるため、映像のオープニングの視聴を行うと、より理解の助けになる。授業の中で、発言に自信のない児童も思いを伝えやすいよう、「①隣同士で話す ②グループで話す ③全体で話す」を組み合わせて、多くの子が主体的に授業に参加できる環境を作っていく。

【評価のポイント】 ※発表・感想を元にする。
価値理解 「感謝の気持ちを持っていきたい」といった内容が書かれているか。
人間理解 「助け合い協力し合うことが大事である」といった発表や気持ちが書かれているか。
他者理解 自分がこれまで周りの人に支えられたことが発表の中に含まれていたか、または、感想に書かれているか。

（齋藤奈美子）

2 「人との関わり方」を学ぶ道徳授業（3）

礼儀
「『ありがとう』の言葉」（東京書籍）

 4年

 誰に対しても感謝の気持ちを伝える大切さを考えさせる。

【主体的な学びの発問指示】みなさんは、どんな場面で「ありがとう」と
　　　　　　　　　　　　　　言えそうですか。

【対話的な学びの発問指示】ひろしは家を出た後、本当に「ありがとう」
　　　　　　　　　　　　　　と言えたでしょうか。

【深い学びの発問指示】「ありがとう」と本当に言えていますか。理由も含
　　　　　　　　　　　　めて言いなさい。

　家族や友人に関わりなく、感謝の気持ちを伝える大切さに気付かせたい。資
料を読み聞かせた後の授業展開は以下のようにする。

１．お話の状況を整理する

【発問1】登場人物は誰がいますか。

・ひろし　　・お母さん　　・おばあちゃん　　・佐々木さん

【発問2】簡単に言うとどんなお話ですか。

・ひろしが「ありがとう」と伝える大切さを、おばあちゃんに教えてもらう話。

　ひろしの言動に着目し、どのような気持ちなのかを考える。

【発問3】ひろしはすぐに「ありがとう」と言いませんでした。この行動をど
う思いますか

・よくないと思います。「ありがとう」と言うべきです。

【発問4】なぜおばあちゃんに「ありがとう」と言えなかったのですか。

・面倒で恥ずかしいから。

・わざわざ伝えなくてもおばあちゃんは分かっていると思ったから。

　資料の最初と最後で、ひろしの気持ちが変わっていくところをおさえる。

【発問5】ひろしは何かしばらく考えていました。何を考えていましたか。

・「ありがとう」は「有り難う」と書くんだ。いろんな意味があるんだなー。

・帽子を届けてくれた佐々木さんにお礼を言いに行かないと。

・そういえば、おばあちゃんに「ありがとう」と伝えられていないな。

2．主発問を行い、討論する

【主発問】

ひろしは家を出た後、本当に「ありがとう」と言えたでしょうか。

・言えると思います。おばあちゃんにも「ありがとう」と伝えられたからです。

・言えないと思います。おばあちゃんに言えても、他人に言うのはもっと難しいと思います。

【発問6】みんなは、どんな場面で「ありがとう」と言えそうですか。

・お母さんがご飯を作ってくれた時。

・友だちが消しゴムを貸してくれた時。

・おばあちゃんにお小遣いをもらった時。

【発問7】「ありがとう」と本当に言えていますか。理由も含めて言いなさい。

・言えていません。家族に「ありがとう」と伝えるのは恥ずかしいし、いちいち言わないです。

・言えています。大事なことなので伝えています。

【発問8】授業の感想を書きなさい。

・「ありがとう」と伝えるのは恥ずかしいけれど、伝えていきたいです。

・「ありがとう」の言葉の意味を知りました。これからは、家族の人に対して、感謝したいです。

3．授業のポイント

（1）　内容項目との関連

　本教材は「B　主として人との関わりに関すること」に含まれる［礼儀］で構成した。中学年の子どもたちは、礼儀の大切さを理解している。一方、行動

に移せる子は少なくなっていくだろう。礼儀を行動に移す大切さを、授業を通じて伝えたい。

（2）自分の行動に落とし込む

　礼儀の大切さは分かっていても、実際に行動に移せない児童は多いだろう。「みんなは、どんな場面で『ありがとう』と言えそうですか」と自分のこととして捉え直すことで、礼儀を行動に移せるようにしていきたい。

　この資料の中では、「ありがとう」と感謝の気持ちを伝えることの大切さについて話題に上っているが、内容項目の礼儀で考えると、日常生活でも必要になる場面が増えるだろう。朝や帰りの挨拶、周囲の状況に応じた挨拶など、本時の授業をきっかけに指導することができるだろう。

（3）道徳教育で育成・指導する重点

　向山洋一氏は道徳教育の中で育成・指導するべき重点を2点挙げている。

A　道徳的実践　　B　道徳的実践力

　本授業は、道徳的実践力の向上をねらいとしたものである。道徳的実践力とは、以下の3点から構成される。

　　a　道徳的な判断力　　　b　道徳的な心情　　　c　道徳的な態度

　本授業では、道徳的実践力向上のための三点を意識して構成されている。

【評価のポイント】　※発表・感想を元にする。

価値理解　「感謝の気持ちを伝えたい」といった内容が書かれているか。

人間理解　「感謝の気持ちを伝えたいけれど、伝えられない」といった発表になっているか、その内容が書かれているか。

他者理解　感謝の気持ちを伝えることで、伝えられた人はどんな気持ちになるかといった内容が発表をしたか、感想に書かれているか。

（萩原大夢）

友情、信頼
「心のレシーブ」（東京書籍）

5年

 心のサーブの体験から、友だちのよさを見つけ、感じたことを話し合う。

【主体的な学びの発問指示】男女仲よくするとどんないいことがありますか。
【対話的な学びの発問指示】友だちのよいところ、がんばっているところは何ですか。
【深い学びの発問指示】やってみて気付いたことはなんでしょう。

　良好な人間関係のためには、相手の短所ではなく長所や友だちのがんばる姿を見つけ、互いのよさを認め合うことが大切だ。そして、協力する活動を通して、互いに信頼し合えるようになり、できないことができるようになったりする。よいところは更に伸ばし合い成長していくといった友情関係に気付かせたい。

1．教材に触れさせる（読み聞かせをする。）

【指示1】「心のレシーブ」。先生が読みますから聞きなさい。
【指示2】お隣同士で感想を言いましょう。

・見えないところで努力をしていた良夫がすごい。

2．お話の状況を整理する

【発問1】登場人物は誰ですか。―良夫、陽子、直希、1組の人たち。
【発問2】バレーの練習で何がありましたか。―けんかになった。
【発問3】良夫は放課後何をしていたのですか。―練習
【発問4】最後、陽子の気持ちはどうなりましたか。―良夫に優しくなった。

【発問5】簡単に言うとどんな話ですか。

・良夫がバレーがうまくできなくてけんかになったけど、練習していたことを

知った陽子の気持ちが変わった話。

3．資料の内容を捉える

【発問6】この教材は何を伝えたいのですか。

―仲よくすること。

【主発問】
仲よくするとどんなよいことがありますか。

・学校生活が楽しくなる。大人になってからも役立つ。
・仲よく生活するとトラブルもなくて、笑顔が多くなる。

【発問7】友だちともっと仲よくなるためには、何が大切だと思いますか。

―困っていたら助ける。一緒に遊ぶ。たくさん話をする。

4．活動を通して内容項目に迫る

【発問8】今までより仲よくなるために、友だちのよいところを見つめましょう。友だちのよいところはどこですか？

【説明1】班で活動をします。班のみんなのよいところ、がんばっているところを見つけてワークシートに書きましょう。1番目、2番目、3番目と順番を決めましょう。

【説明2】まず最初の人（1番目）について、書いたことを一人ずつ発表しましょう。発表仕方は、はじめにグループ全員で「ソーレ」と声をかけます。次に最初の人が「○○さんは、～～」のように発表します。その後に、グループの全員で「ナイス！　○○さん！」と声をかけて拍手をします。全員に心のサーブを送りましょう。

【発問9】やってみて気付いたことは何でしょう。

―みんなによいところを見つけてもらえて、すごくうれしかった。
　最後に授業の感想をノートに書かせる。

5．授業のポイント

友だちのよいところを見つけるヒントを共有する

　いきなり友だちのよいところを探しましょうといってもなかなか難しいものだ。書ける子は書けるが、書けない子は書けない。そこで、

| 友だちのやっていることですごいなと思うことをたくさん言いましょう。 |

と発問をして、具体的なイメージを全体で共有していくことが大切だ。以下にいくつか例示を示す。

〈学習関係〉・ノートを書くのがていねい。・発表をいっぱいする。
　　　　　　・音読の声が大きい。・計算がはやい。・文章を書くのがうまい。
　　　　　　・自主学習ノートがいつもきれい。・漢字の書き取りがきれい。など
〈生活関係〉・朝の支度がはやい。・困っているときに助けてくれる。
　　　　　　・掃除を黙々とやっている。・給食の支度がいつも早い。など
〈運動関係〉・足が速い。・サッカーが上手。・跳び箱が上手。など
〈性格関係〉・とっても優しい。・いつも笑顔だからつきあいやすい。など

　こういったことを黒板に例示として示しておく。すると、どの子も安心して友だちのよいところやがんばっているところを書くことができる。この活動をするためには、書けない子も、書かれない子も、絶対に無くさないといけない。最大限の配慮をして進める必要がある。活動が終わった後に、全員が笑顔になり満足できるように、明るく楽しく教師が進めていくことも必要だ。

【評価のポイント】　※ワークシート・感想をもとにする。
価値理解　「自分のよいところが分かった。」「友だちのよいところをいっぱい見つけることができた」といった内容が書かれているか。
人間理解　「自分や友だちにはいいところがたくさんあることが分かった」といった発表や内容が書かれているか。
他者理解　友だちのよいところ、がんばっていることがワークシートに書けたか。または、感想に書かれているか。

（竹原孝太朗）

相互理解、寛容
「ブランコ乗りとピエロ」（光村図書）

6年

ピエロの生き方から、人間関係を振り返り、自己の生き方を考えさせる。

【主体的な学びの発問指示】サムの行動を許しますか。許しませんか。

【対話的な学びの発問指示】サムを許したピエロの行動をどう思いますか。

【深い学びの発問指示】よい人間関係を築く上で大切なことは何ですか。

　人には、自分勝手に考えてしまうことがある。そんな弱さが人にはあることを自覚し、相手の考えを理解しようと寄り添う気持ちが大切である。この教材で、相手の気持ちや考えを理解し、尊重することで、よりよい人間関係が生まれることを味わわせたい。

１．資料を読み聞かせる

【指示１】「ブランコ乗りとピエロ」。先生が読みますから聞きなさい。

【指示２】お隣同士で感想を言いましょう。

・サムは自分勝手だと思います。

・サムを許したピエロはすごいと思います。

２．お話の状況を整理する

【発問１】登場人物は誰ですか。―サム、ピエロ、サーカス団の人

【発問２】サーカスに誰を招きましたか。―大王アキレス。

【発問３】見る時間は何時間ですか。―１時間。

【発問４】何があったのですか。―サムがずっと演技をしてしまった。

【発問５】簡単に言うとどんな話ですか。お隣に言います。（数名指名）
　　　　　―大王の前でサーカスのできる機会が与えられたのに、サムが
　　　　　　１時間やって他の人の演技時間がなくなってしまった話。

3．主発問を行い、討論する

【主発問】

サムの行動を許しますか。許しませんか。

〈許す派〉

・観客も大王も喜んだからいいと思う。

・サムは確かに約束を守らなかったけど、みんな喜んだからいいじゃん。

・会が盛り上がったから、きっとピエロは嫉妬しているんだ。サムは悪くない。

〈許さない派〉

・大王に見てもらう大事な機会だったのに、ピエロがかわいそう。

・自分勝手なサムを許すことはできない。

・最初から１時間って分かっていたんだから時間を守るべきだった。

【発問６】 ピエロはサムを許しましたか。許しませんでしたか。

・許しました。

【発問７】 サムを許したピエロの行動をどう思いますか。

・ピエロは大人ですごいと思う。

・すごいと思う。でもきっと私にはできないと思う。

・ピエロはきっとサムのことを認めていて、だから許したんだと思う。

【発問８】 許したことでチームはどうなりましたか。

・みんな笑顔で仲よくなった。

【発問９】 よりよい人間関係を築く上で大切なことは何ですか。

・相手のことを理解すること。

・相手の意見を受け入れること。

・許してあげること。

【指示３】 今日の授業の感想をノートに書きなさい。

４．授業のポイント

（１）状況設定はリズムよく行う

　状況設定は聞き方が非常に大切になってくる。曖昧に聞くとリズムテンポが悪くなる。そのため、

> 「演技を見に来る人は誰ですか」→「大王アレキス」
> 「演技時間は何時間ですか」→「１時間」

　本文の言葉から簡単に答えられるような発問で行っていく。この時、簡単で誰にでも分かるような発問は、発表が苦手な子を指名して、授業に参加する意欲につなげていく。逆に「簡単に言うとどんなお話ですか」と聞く時は、学級の中でもすぐに言えそうな子を指名するか、指名なしで数名に発表させる。自信のある子が活躍できる場面を意図的に作るのだ。発問によって、どういった子を指名して活躍させるのかまで考えて授業の導入を組み立てていく。

（２）　主体的に授業に参加できる環境づくり

　この教材は比較的話しやすい教材で、子どもの思いがどんどん出てくる。そのため、全体討論では、自信のない子は、なかなか言えずに終わってしまう。そこで、「①隣同士で話す　②グループで話す　③全体で話す」を組み合わせて、多くの子が主体的に授業に参加できる環境を作っていく。

> 【評価のポイント】　※発表・感想を元にする。
>
> **価値理解**　「相手の考えを受け入れていきたい」といった内容が書かれているか。
>
> **人間理解**　「許すことが大切だと分かっているけれど、許せないこともある」といった発表や内容が書かれているか。
>
> **他者理解**　自分の意見と反対の友だちの意見を認める場面が発表の中であったか、または、感想に書かれているか。

（竹原孝太朗）

規則の尊重
「クラスのきまり」（日本文教出版）

 そうじをさぼらない方法を話し合わせ、「よりよい規則」を考えさせる。

【主体的な学びの発問指示】さぼっている間、つよしはどこで何をしていたと思いますか。

【対話的な学びの発問指示】誰がつよしに注意するとよいと思いますか。

【深い学びの発問指示】罰さえ与えれば、その子はそうじをするようになると思いますか。

【あらすじ】

　さとるのクラスで、「学級のきまり」を話し合った。さとるは、「そうじをさぼっている人は、放課後居残りそうじをさせるのがよい」と提案をした。しかし、ひろみが「それじゃあ、かわいそう」という意見を出す。さとるは、ひろみがなぜそんなに反対するのか理解できなかった、というお話である。

1．資料を読み聞かせる

　教師がゆっくりと読み聞かせる。

2．お話の状況を整理する

　簡単にお話の状況を確認する。

【発問1】さとるは、普段そうじをさぼっている子に対して、どうしろと言っているのですか。

【発問2】それに対して、ひろみは何と言っているのですか。

　さとるは、「罰を与えた方がいい」と言っており、そのためのきまりを作ってはどうか、と提案している。

　一方、ひろみは、「罰を与えるようなきまりは必要ない」と言っている。

【発問3】さぼっている間、つよしはどこで何をしていたと思いますか。

「トイレで遊んでいた」「ほうきを振り回していた」などの意見が出る。
　この意見から、普段の子どもたちの行動を読み取ることができる。

3．主発問を行い、討論する

【主発問】

あなたは、さとるの意見に賛成ですか。ひろみの意見に賛成ですか。ノートに、意見を書きなさい。

　どちらの意見に賛成かを意思決定したあと、理由もセットでノートに書かせる。
　班ごとにミニ討論させたあと、全体討論に移る。
＜さとる派＞
◇そうじは学校のきまりだし、それをさぼるのはダメだと思う。だから罰を与える必要がある。
◇みんなが一生懸命そうじをしているのに、そうじをさぼるつよしはおかしいと思うし、やらないなら放課後にでもやらせないといけないから。
＜ひろみ派＞
◇罰を与えるのは、かわいそうだから。
◇罰を与えなくても、注意すれば済むことだから。
　子どもたちが発言する中で、次のことも突っ込んで聞いてみる。

【発問4】誰がつよしに注意するとよいと思いますか。

　注意するのは「さぼっているのを見た人」と言う子もいれば、「怖いから、先生に頼む」と言う子もいるだろう。

4．もう一歩突っ込んで思考させる業のポイント

　討論終了後、もう一歩突っ込んで聞く。

【発問5】 罰さえ与えれば、その子はそうじをするようになると思いますか。

　意見は分かれるが、「罰だけでそうじをするようにはならない」と考える子が多いだろう。

【発問6】 もしあなたがこのクラスにいたとしたら、そうじをさぼらないようにするために、何をしますか。

　ノートに意見を書かせたあと、近くの席の人同士で発表させる。
◇勇気を出して、つよしに注意する。
◇「そうじを一生懸命しよう」というポスターを作って貼る。
◇人がしなくても、自分が一生懸命そうじをする。

　様々な方法が出される。多面的・多角的な考えに触れることで、子どもたちの思考は深まっていく。

【授業のポイント】
「罰を与えるルールを作ることに賛成か、反対か」を話し合わせるだけだと、「規則＝厳罰」というイメージが強くなってしまう。
「どのような方法で、そうじさぼりを減らすか」を考えさせることに時間をかけることで、子どもたちは「自分たちでよりよい規則を作り、それを守ろう」と考える。多面的・多角的な考えを引き出すことができる。

【評価のポイント】　※感想文を元にする。
価値理解　よりよい規則を考え、守ろうとする内容が書かれているか。
人間理解　「規則は大切だけど、破ってしまうこともある」という内容が書かれているか。
他者理解　考えの異なる友だちの意見を認める内容が書かれているか。

（堀田和秀）

3

「集団や社会との関わり方」を学ぶ道徳授業(2)

公正、公平、社会正義
「わたしにはゆめがある」（廣済堂あかつき）

 POINT! 差別のない社会にするためにどのような考え方が大切かを考えさせる。

【主体的な学びの発問指示】あなたは、差別をしていませんか。

【対話的な学びの発問指示】あなたがマーティンと同じバスに乗っているとします。あなたはどんな行動をとりますか。

【深い学びの発問指示】差別やいじめのない社会にするためには、どのような考え方が大切でしょうか。

1．資料を読み聞かせる

　人種差別は４年の児童にはピンとこないかもしれない。しかし、人を分け隔てすることはいじめにつながることを理解させ、身近な問題としてとらえさせたい。そこで、次のような発問と説明をしてから読みたい。

【発問１】差別という言葉を聞いたことがありますか。

【説明１】差別をしてもよいと思う人はいますか？　いませんね。今は当たり前となった考えです。でも、少し前までは、肌の色が違うという理由で差別される社会があったのです。その差別とたたかった人のお話です。

2．お話の状況を整理する

【発問２】なぜ友だちのお母さんから遊べないと言われたのですか。

【発問３】泣いて帰ってきたマーティンにお母さんは何と言いましたか。

【発問４】バスで差別された時、マーティンはどう思いましたか。

【発問５】マーティンの始めた活動は簡単に広がりましたか。

【発問６】マーティンの生き方を支えていたのはどのようなゆめでしたか。

　発問しながら、必要に応じて文に線を引かせる作業をいれ、全員で読ませて確認しながら進める。一部の発表する児童と教師だけで進めると、理解が十分

でない児童がいる。

3．議論させる発問を行う

【主発問】

あなたはマーティンと同じバスに乗っているとします。あなたは運転手に対してどんな行動をとりますか。

おそらく、「何もしない」か「止める」かのどちらかだろう。

【指示1】 ノートに「何もしない」「止める」のどちらかを書きます。書けたらその理由も書きなさい。

　自分の意見と理由が書けた子から、ノートを前に持ってこさせる。

〈何もしない派〉

◇差別はよくないと思うけれど、そのころは、黒人は白人に席をゆずるように定められていたから。

◇自分も運転手にののしられたらこわいから。

〈止める派〉

◇黒人だからというだけで立ち上がらせるのは間違っているから。

◇黒人でも白人でもお客には変わりがないので、命令するのはおかしいから。

4．議論させる

　ノートに書いた意見を元にして、議論させる。

　まず意見分布を挙手でとり、少ない意見から発表させる。

　両方意見を言った後、お互いに質問や反論をしてよいこととする。

「差別する人」と「差別される人」と「見ている人」がいることを話し合わせる中で理解させたい。

5．もう一歩の突っ込みをさせる

【発問7】 なぜマーティンの活動はすぐに広まらなかったのでしょうか。差別する人、差別される人、見ている人、それぞれどのような思いがあったと思いますか。

例）【差別する人】黒人は差別してもよい。

　　　【差別される人】差別されても仕方がない。

　　　【見ている人】差別はよくないと思うが、世の中がそうなっている。

> 【発問8】「差別する人」「差別される人」「見ている人」の中に、正しい考
> 　　　　えの人はいますか？　―みんな間違っている。

> 【発問9】差別やいじめのない社会にするためには、どのような考え方が
> 　　　　大切でしょうか。

◇人はだれも平等だ。

◇だれに対しても同じように接する。

6．自分の生活に戻って考えさせる

　考えが変われば行動が変わります。差別されても仕方がない、という考え方
は間違っています。人はだれも平等です。

> 【発問10】もし、「悪いことをしているからいじめられても仕方がない」と
> 　　　　　言う友だちがいたら、あなたは何と言いますか。またはどのよ
> 　　　　　うに行動しますか。
> 【指示2】今日の授業の感想も含めてノートに書きなさい。

【評価のポイント】　※感想文を元にする。

価値理解　差別やいじめはしない、させない、という内容が書かれているか。

人間理解　差別のない社会は自然にできたのではなく、「差別をなくそう
　　　　　とした人々の思いや願いがあったから」という内容が書かれて
　　　　　いるか。

他者理解　自分の意見と違う意見を認める内容が書かれているか。

（溝端久輝子）

勤労、公共の精神
「父の仕事」（廣済堂あかつき）

5年

POINT! 授業の最初と最後に「仕事は何のためにするのですか」と尋ねることで、子どもたちの「働くこと」に対する概念を変える。

【主体的な学びの発問指示】みなさんには今、委員会や係活動、お家での仕事など、様々な仕事があります。これから、どのように取り組んでいきたいですか。

【対話的な学びの発問指示】「ぼく」の考えが変わったターニングポイントはどこですか。

【深い学びの発問指示】仕事は何のためにするのですか。

「父の仕事」のあらすじ：父の仕事はつまらないと考えていた「ぼく」は、偶然父親が運転士を務める電車に乗り「お父さん！」と呼んだ。父親は気付いているはずなのに、返事もしなかった。「ぼく」は家に帰った後、父親にどうして返事をしてくれなかったのかを問い、仕事についての考えをあらためる。

1．資料を読む前に、「働くこと」に対する「今」の考えを尋ねる

【発問1】 仕事は、何のためにするのですか。
　　　　　―給料をもらうため、家族を養うため など。

列指名で、意見を言わせる。他に意見があれば挙手をさせ、意見を出させる。

2．資料を読み聞かせる

まずは、読み聞かせる。学級の実態によっては全員に一度読ませたり、追い読みをさせたりする。

3．議論させる発問を行う

【発問2】 出てくるのは、誰ですか。―ぼく、父、弟。

【発問3】 「父」は、何の仕事をしていますか。—電車の運転士。

【発問4】 「ぼく」は、父の仕事に対して、どう思っていましたか。

【指示1】 それが分かる部分を探して、教科書に線を引きなさい。

　　　　　— 「お父さんの仕事ってつまらないんだね」。

【説明1】 「ぼく」は父の仕事が「つまらない」と思っています。

【発問5】 それに対して、父は自分の仕事に対してどう思っていますか。

　　　　　— 「楽しい」「大事な仕事だと思っている」。

4．「ぼく」の仕事に対する考えの変化について考えさせる

【説明2】 「つまらない」という意見から、考えは変わりました。

【発問6】 「ぼく」の考えが変わったターニングポイントはどこですか。

【指示2】 その一文をノートに写し、理由も書きなさい。

「お父さんが運転しているときは、何百人、ときには千人以上の人の命を預かっているんだよ。……」の意見

◇仕事はとても責任のあることだと分かったから。

◇信頼ってすごいと思ったから。

「運転しているときは、前方に注意しているだけでなく、車内のお客さんのことにもいつも気を配っているんだよ。……」の意見

◇お客さんをすごく大切にしていると分かったから。

◇しっかり仕事をするってとても大変だと思ったから。

5．お父さんの仕事に対する考えについて理解する

【発問7】 お父さんは誰のために仕事をしていますか。

【説明3】 家族のためだけでなく、お客さんのためにも仕事をしています。

【発問8】 お客さんのために仕事をするって、大変です。

　　　　　例えば、どんなところが大変だと思いますか。

　　　　　隣同士で言わせてから、数名指名する。

【主発問】

もう一度聞きます。仕事は、何のためにするのですか。

ノートに書かせ、発表させる。

6．自分の生活に戻って考えさせる

教科書の話から最後は自分の生活に置き換えて考えさせることが必要である。

【発問10】 みなさんは今、委員会や係活動、お家での仕事など、様々な仕
事があります。これから、どのように取り組んでいきたいですか。
【指示3】 そのことを入れて、感想を書きなさい。

【評価のポイント】 ※感想文を元にする。

価値理解 仕事をすることのよさ、働くことで社会の役に立てること、生
きがいを持って仕事をすることの大切さなどが書かれているか。

人間理解 仕事をすることの大変さについて、書かれているか。

他者理解 自分とは違う意見も認めようとする内容が書かれているか。

（柴山佳月）

3 │ 「集団や社会との関わり方」を学ぶ道徳授業(4)

家族愛、家庭生活の充実
「ぼくの名前呼んで」(光村図書)　　**6年**

 最初と最後に同じ価値内容を問うことで、価値の深まりが一目で分かる授業。

【主体的な学びの発問指示】名前を呼んでもらえるのは当たり前ですか。

【対話的な学びの発問指示】父の心の底からほとばしり出るような手話を、太郎は瞬きもせずに見つめながら、どんなことを考えていましたか。

【深い学びの発問指示】みんなにとって本当の家族って何ですか。

　両親が共に聴覚障害者であり、「一度も名前を呼ばれたことがないだろう」と言われ、父親にその思いをぶつける太郎と、そんな太郎に気持ちを伝える父親の姿を通して、「ぼくの名前呼んで」に描かれている家族の姿を考えさせるお話である。

1．家族について考える

【発問1】　家族って何ですか。　◇一緒にご飯を食べる　◇ご飯を作ってくれる　◇育ててくれている　◇お父さん、お母さん

【発問2】　家族からはみんなはどう呼ばれていますか。
　　　　　◇名前　◇ニックネーム

【発問3】　自分の名前を呼んでもらえるのは当たり前ですか。
　　　　　◇当たり前です。親がつけた名前だから。

　導入なのでシンプルな課題で、テンポよく行う。

　授業の最後でも「家族とは何か」を扱うため、意見を板書しておく。

2．資料を読み聞かせる

　教師が読み聞かせることで、短時間で子どもにお話をインプットさせる。

3．資料の状況を理解させる

【発問4】　どんな話ですか。
　　　　　◇太郎の両親が共に聴覚障害者で、友だちから「一度も名前を呼
　　　　　　ばれたことがないだろう」と言われて、父親に思いをぶつけた話。
【発問5】　「父」は、何の仕事をしていますか。
【発問6】　「太郎はなんでけんかになったのですか。
　　　　　◇渋谷くんのことをからかった子がいたから。
【発問7】　その子からなんて言われましたか。
　　　　　◇「やあい、おまえ、とうちゃんやかあちゃんから、一度も名
　　　　　　前呼ばれたことないだろう。これからもずっと呼ばれないぞ。
　　　　　　いい気味だ。」と言われた。

4．考え・議論させる発問を行う

【発問8】　大声で叫びたい衝動をこらえ、ひたすら走った太郎の、叫びた
　　　　　かった思いは何ですか。

◇あんなことを言われてくやしい。　◇名前を呼ばれたことがなくてさびしい。
◇名前を呼ばれたい。　　　　　　　◇名前を呼ばれるということは当たり前だ。
　様々な意見を出させ、どうしようもないことは分かっていながら、悔しさや
悲しさをこらえきれない太郎の心情に気付かせる。

【発問9】父の心の底からほとばしり出るような手話を、太郎は瞬きもせ
　　　　　ずに見つめながらどのようなことを考えていましたか。ノート
　　　　　に書きましょう。

　中心発問なので、5分程度時間をかけ、ノートなどに書かせてから発表させる。
◇あんなこと言わなければよかった。「後悔」
◇父さんと母さんの子に生まれてきてよかった。「愛情」
◇この人たちがいたからここにいる。「感謝」
◇ぼくは家族のためにも、最高の生き方をしたい。「生き方」

家族への様々な思いをたくさん出させるため、子どもを次々と指名し、意見を板書していく。「後悔」「愛情」「感謝」「生き方」などと子どもの意見を整理して板書する。

５．自分の生活に戻って考えさせる

【発問10】　もう一度聞きます。自分の名前を呼んでもらえるのは当たり前ですか。

◇当たり前ではない。世の中には名前を呼んでもえない人もいるから。
◇当たり前ではない。自分の名前を呼んでもらえることがすごく嬉しい。

【発問11】　最初みんなは、家族とは「一緒にご飯を食べる」「ご飯を作ってくれる」と言っていました。今日の授業で考えたことをふまえて、みんなにとって「本当の家族」とは何ですか。

◇きずなを大切にするのが本当の家族。
◇どんな辛いことも楽しいことも一緒に乗り越えることができるのが本当の家族。
◇なんでも言い合えて、互いを大切にするのが本当の家族。

【評価のポイント】　※発表やノートに書いている内容を元にする。
価値理解　「家族のよさ」について書いているか。
人間理解　「家族がしてくれた」ことについて書いているか。
他者理解　「家族のために役に立ちたい」ということについて書かれているか。

【授業のポイント】
「家族とは何か」というテーマで授業を貫く
　最初「家族とは何か」と聞いた時は「一緒にご飯を食べる」ことだったが、資料を読み、中心発問等で考えることで、最後は「どんなことも一緒に乗り越えることができるのが本当の家族」となるように、最後には最初と比べて意見が深まるように授業を組み立てた。

（澤近亮祐）

よりよい学校生活、集団生活の充実 **4年**
「交かんメール」（日本文教出版）

 「学級のよさ」を考えさせることで、楽しい学級をつくる態度を養わせる。

【主体的な学びの発問指示】あなたの学級や学校のよさは何ですか。

【対話的な学びの発問指示】「みんなが仲よく力を合わせているところだ。」
以外に学級のよさとして挙げられることには
どんなことがありますか。

【深い学びの発問指示】自分たちの学級や学校をさらによくするためにで
きることは何ですか。

　まりさんたちは、北海道の小学校にEメールで学級や学校のよさについて伝えようとするが、よさについてこれまであまり考えたことがなかったことに気付く。まりさんの「学級のよさは、みんなが仲よく力を合わせているところだ」という言葉によって、特別なことがなくてもあらためて自分の学級のよさに気付いていく話である。

1．資料を読み聞かせる

【発問1】　あなたの学級や学校のよさは何ですか。

　学級や学校のよさについて、ノートに書かせ、指名なしで発表させる。「みんな仲がよい」「明るい雰囲気」などがでる。
　その後、教材文を教師がゆっくり範読をする。

2．お話の状況を簡単に理解させる

【発問2】　まりさんたちは何をしていますか。　—北海道の小学校とメール。

【発問3】　メールでどんなことを伝えていますか。　—学校のようす。

【発問4】　まりさんたちは、学級のよさについて考えたことがありました

か。 ─あまり考えたことがなかった。

一問一答で、テンポよく進める。

3．議論させる発問を行う

【主発問】
「みんなが力を合わせているところだ」以外に学級のよさとして挙げられることには、どんなことがありますか。
【指示1】ノートに箇条書きしなさい。

自分の意見が書けた児童から、ノートを前に持って来させる。
教師は、そのノートに次々と○を付けていく。
早く書けた児童から、黒板に板書をさせていく。

4．議論させる

ノートに書いた意見を元に議論させる。

【指示2】 班ごとに自分の意見を言い、友達の意見を聞きなさい。

まず、少人数で意見交換をさせる。時間にして5分程度。
意見交換の後、ノートに友達の意見を付け足すよう伝える。そうすることで、意見が書けない児童も意見を書くことができる。

【指示3】全体で議論します。体を真ん中に向けなさい。

板書された意見から一つ選び、質問を考えさせる。
質問に対して問答しながら、「学級や学校のよさ」について多様な意見を出させる。その後、もう一度、自分の意見を書かせる。

5．もう一歩突っ込みをさせる

【発問5】学級や学校のよさとして、どんなことを伝えますか。

学級や学校のよさについて、特別なことがなくても自分たちがよさと気付け

ばいいということを押さえさせる。例として、以下のことが挙げられる。

　みんなで遊んで、男女が仲よし／あいさつ運動がさかん／
チャイム着席ができている／話し合いが活発／「学級の歌」がある

6．自分たちの生活に戻って考えさせる

　教科書の資料は題材の１つであり、自分たちの生活にあてはめて考えさえることが必要である。

> 【発問６】自分たちの学級や学校をさらによくするためにできることは何
> 　　　　　ですか。

　ノートに箇条書きさせた後、板書させ、発表させる。

7．ネチケットについて扱う

　この教材は、情報モラルについても扱うことになっている。

　相手に伝える時に気を付けなければならないことについて「ネット社会の歩き方」(http://www2.japet.or.jp/net-walk/index.html) の動画教材58「なんて返事をしようかな」を活用し、指導する。

> 【評価のポイント】　※発表やノートに書いている内容を元にする。
> 価値理解　「自分たちの学級や学校のよさ」についての内容を書けているか。
> 人間理解　「自分たちの学級や学校のよさ」について、特別なことでなく
> 　　　　　ても自分たちらしいよさについて書かれているか。
> 他者理解　「学級や学校のよさ」について、他人の意見を認め、多様な考
> 　　　　　えが書かれているか。

（武友陽一）

3 「集団や社会との関わり方」を学ぶ道徳授業(6)

伝統と文化の尊重、国や郷土を愛する態度 **5年**
「美しい夢―ゆめぴりか―」(日本文教出版)

 「すごいなー」で終わらず、自分のこととして考えられる発問指示を出す。

【主体的な学びの発問指示】 このお話を読んで、すごいなと思ったことはどんなことですか。ノートに書きなさい。

【対話的な学びの発問指示】 「京都の自慢」には、何がありますか。ノートに簡条書きしなさい。

【深い学びの発問指示】 これらを受け継いでいくために、必要なことは何ですか。ノートに書きなさい。

「美しい夢―ゆめぴりか―」は、北海道の農業の発展のために尽くした人々の努力を扱う資料である。「ゆめぴりか」というお米について知るだけでなく、自分の地域にはどんな「自慢」があるのかを考え、それに携わる人にまで思いを馳せ、自分の地域に誇りがもてるようにしたい。

1．資料を読み聞かせる

　題名を読むだけで、「ゆめぴりか、知ってるー！」「マツコがＣＭしてるお米や！」と子どもたちから反応があった。
「ゆめぴりか、聞いたことある人？」「ゆめぴりか、食べたことある人？」と聞く。食べたことのある子どもに、お米の感想を言わせる。
　そして、資料を教師が読む。途中で切らずに、最後まで読む。

2．北海道の人々の努力に目を向けさせる

【発問1】 このお話を読んで、すごいなと思ったことはどんなことですか。
【指示1】 ノートに書きなさい。

　この発問で、子どもたちはもう一度資料を読み始める。

【子どもたちの意見】

◇地域の人々が思っただけでなく、行動にうつしたことがすごいと思った。

◇厳しいことを分かっていて挑戦しようとするのがすごい。

◇不向きな土地でもあきらめずに品種改良を続ける心がすごいと思った。

◇可能性を信じて12年もかけたことがすごいと思いました。

3．対話を生む発問をする

【発問2】「京都の自慢」には、どんなものがありますか。

【指示2】ノートに箇条書きしなさい。

【指示3】黒板に一つ、書きましょう。

右の写真のように、子どもたちに板書させる。横にずらっと「・」を打ち、子どもたちには縦書きで書かせる。

そして、端から順番に発表させる。

最後まで読み終わったら次のように発問する。

【発問3】友だちに質問したい人はいますか。

この発問で、対話が生まれる。例えば、「まるたけえびすって何ですか」という質問が出た。質問された子どもが歌ってみる。そして、知っている子どもたちでもう一度歌ってみる。このように和気あいあいとした雰囲気になる。他にも、「京都で一番長いホームってどういう意味ですか。」という質問が出た。それに対して、電車が大好きな子が生き生きと答えていた。

4．自分のこととして考えさせる発問をする

【発問4】これらを受け継いでいくために、必要なことは何ですか。

【指示4】ノートに書きなさい。

ここまで考えさせてこそ、自分に何ができるかを考えさせることができる。「すごいなー」で終わらせない発問だ。

【子どもたちの意見】

◇若い人たちが知って、受け継ぐこと。

◇まずは京都の人が知ること。

◇世界に発信していくこと。

◇体験できるようにすること。

5．学んだことを書かせる

【発問5】今日の勉強で学んだことは何ですか。

【指示5】ノートに書きなさい。

　この発問は毎回行う。指導するべき価値項目を、子どもに捉えさせることができたかどうかが分かる。評価する際にも、この記述がもっとも参考になる。

【子どもたちの意見】

◇どこの地方にも自慢できることがあり、取り組みのよさを多くの人に伝えて、受け継いでくれる人やその取り組みに参加してくれる人々がいるからこその結果なので、自慢やよさがあることを当たり前だと思わず、誰かが陰で支えてくれるからこそ続いているということが分かった。

◇何かを広めるためには、まずは自分ががんばって一人でも多くの人に伝えていくことが大事だと分かった。

◇自分の力も必要だけど、みんなと一緒にがんばるのが大切だと思った。

【評価のポイント】　※感想文を元にする。

価値理解　郷土の伝統や文化を大切にしたいといった内容が書かれているか。

人間理解　郷土の伝統や文化を守っている人々の存在や努力に目を向けた
　　　　　内容が書かれているか。

他者理解　友だちの意見が書かれているか。

（安江愛）

「集団や社会との関わり方」を学ぶ道徳授業(7)

国際理解、国際親善
「ペルーは泣いている」（学校図書）

 エピソード教材は、「すごいところ」を聞くだけで、子どもは価値に気付く。

【主体的な学びの発問指示】あなたとアキラさんを比べてみて、分かったこと、気付いたこと、思ったことは何ですか。

【対話的な学びの発問指示】アキラさんとペルーの選手が分かり合えたのは、どの時点ですか。

【深い学びの発問指示】もしあなたがアキラさんなら、自分の考えを押しつけずに、ペルーの選手の文化や習慣、考えに合わせますか。

【あらすじ】

　ペルー女子バレーボールチームの監督となった加藤明さん。日本流の練習方法を取り入れるが、そのあまりの厳しさに不満が続出し、何名かがやめてしまう。加藤さんは、考えを変えて、選手と一緒に食事をしたり、日本の歌を教えたり、逆にペルーの歴史や文化を学んだりすることで、ペルーの選手に受け入れられていく、という実際のエピソードである。

1．資料を読み聞かせる

【指示1】「ペルーは泣いている」。先生が読みます。あとで、どんなお話だったか聞きますので、よく聞いておきなさい。

「あとで、どんなお話だったか聞きます」という一言で、子どもたちの緊張感は増す。

2．お話の状況を整理する

　このお話は、実際のエピソードである。

このような「偉人や実際にあった話のエピソード」の資料には、問答形式の状況確認は必要ない。次のように問う。

> 【発問1】お話を聞いて、「いいな」「すごいな」と思ったことは何ですか。
> 【指示2】教科書に線を引きなさい。
> 【指示3】そう思った理由を、ノートに書きなさい。

子どもたちは、様々に線を引き、理由を書く。

◇アキラさんが、ペルーの選手と食事に行ったり、日本の歌を一緒に歌ったりしたところ。(理由：外国の文化を学ぼうと努力しているから)。

◇オリンピック会場で「上を向いて歩こう」を、ペルーの選手が歌ったところ。(理由：ペルーの選手が、恩返しをしているように感じたから)。

3．主発問を行う

【主発問】

アキラさんとペルーの選手が分かり合えたのは、どの時点ですか。
理由も合わせて、ノートに書きなさい。

◇アキラさんがペルーの選手とごはんを食べるようになった時。理由は、選手たちが「家族のように結びついていると感じた」と書いているから。

◇ペルーの選手が日本語で「ハーイ」と返事をするようになった時。理由は、お互いに理解し合えたから、日本語で答えてくれるようになったと思う。

3分の2の子どもたちが意見を書いたら、お隣近所で意見交換させる。近くの人と意見を言い合うことで、発言への抵抗感が少なくなる。

3〜4分話をした段階でストップをかけ、全体での指名なし発表を行う。

様々な意見が出るだろうが、すべての意見を認めていく。

4．自分ならどうするかを考えさせる

これは、加藤明さんのお話である。子どもたちは、この段階で自分たちのこととして考えていない。

そこで、もう一歩突っ込んで、「自分ならどうするか」を考えさせる。

【発問2】　もしあなたがアキラさんなら、自分の考えを押しつけずに、ペルーの選手の文化や習慣、考えに合わせますか。

ノートに、「合わせる」「合わせない」を書かせ、その理由も書かせる。
それぞれに、意見を指名なし発表させる。

【発問3】　あなたとアキラさんを比べてみて、分かったこと、気付いたこと、思ったことは何ですか。
【指示4】　できるだけたくさんノートに書きなさい。

◇アキラさんのように、外国の人のことを受け入れられるようになりたい。
◇自分は、まだまだ人に対して優しくないと思った。
◇相手の国の人たちのために、何ができるか考えて行動できる人になる。
最後に、感想を書かせて授業を終わる。

【授業のポイント】

　この教材は実際のエピソードであり、主人公の加藤アキラさんの生き方を学ぶ教材である。

　実際のエピソードを扱う時に大切なことは、「主人公と自分の生き方を比較させる」ことである。比較させることで、今の自分の生き方は正しいのかどうかを考えることができる。主体的な学びとなる。

　加藤アキラさんの「気持ち」を問う発問をさけることが原則となる。

【評価のポイント】　※感想文を元にする。
価値理解　「外国の人の文化や習慣に合わせてやっていく」という考えが書かれているか。
人間理解　「相手に合わせることが大切だが、自分の国の文化も大切にしたい」という考えが書かれているか。
他者理解　考えの異なる友だちの意見を認める内容が書かれているか。

（堀田和秀）

生命の尊さ
「命を見つめて」（学研教育みらい）

 6年

 エピソード教材は、「すごいところ」を聞くだけで、子どもは価値に気付く。

【主体的な学びの発問指示】もしあなたが瞳さんなら、骨肉腫を告知された時、何を考えますか。理由もノートに書きなさい。

【対話的な学びの発問指示】瞳さんは、なぜ命の大切さを弁論大会で伝えようと考えたのでしょうか。

【深い学びの発問指示】お話を聞いて、「すごいな」と思ったことは何ですか。

　小学6年生で骨肉腫と診断された猿渡 瞳さん。

　病気と闘いながらも学校生活を続けた。闘病生活の中で感じ取った命の尊さを、作文『命を見つめて』としてまとめ、平成16年7月に開催された、地元、大牟田市の青少年健全育成弁論大会に学校代表として出場した。その作文は〝社会を明るくする運動〟作文コンテストに出品され、最優秀賞（福岡県実施委員会委員長賞）に選ばれた。

　余命半年と宣言されてからも、その境遇を嘆かずひたむきに生き、常に他者への思いやりを持ちながら生き続け、平成16年9月16日に13歳でこの世を去った、実際のエピソードである。

1．命の大切さについて確かめる

【発問1】あなたは何歳まで生きることができたら幸せですか。

60歳とか、100歳とか言うだろう。

【発問2】それはどうしてですか。

少しでも長生きしたいから。長生きできたら幸せだと思うから。

2．主人公の人物像に迫る

> 【発問3】（黒いシルエットを見せる）冗談が大好き。どこでも歌い始める。
> 踊る。家の中でもコントし放題。どんな人ですか。

「明るい人」「元気のいい人」などが出るだろう。

3．資料を読み聞かせる

> 【指示1】ある女の子の物語です。先生が読みます。（「命を見つめて」。）
> あとで、どんなお話だったか聞きますので、よく聞いておきな
> さい。

「あとで、どんなお話だったか聞きます」という一言で、子どもたちの緊張感
は増す。

4．お話の状況を整理する

　このお話は、実際のエピソードである。実際のエピソードには、力がある。
　読み聞かせた段階で、子どもたちはある程度の内容が理解できている。
　このような「偉人や実際のエピソード」の資料には、問答形式の状況確認は
必要ない。次のように問う。

> 【発問4】お話を聞いて、「すごいな」と思ったことは何ですか。
> 【指示2】教科書に線を引きなさい。
> 【指示3】そう思った理由を、ノートに書きなさい。

　子どもたちは、様々に線を引き、理由を書く。
「多面的・多角的な意見」を出させる発問である。
◇瞳さんが、「教えてくれてありがとう」と言ったところ。（理由：がんで命が
　半年しかないと言われたのに、強いなって思ったから）
◇瞳さんが、「お母さんががんじゃなくて、私で本当によかった」と言ったと
　ころ。（理由：私が同じ立場なら絶対に言えないと思うから）

5．主発問を行う

【主発問】

もしあなたが瞳さんなら、骨肉腫を告知された時、何を考えますか。
理由もノートに書きなさい。

◇がんって聞いて、「もうダメだ」と考えると思います。なぜなら、それまで
　も体調が悪くなったり、血を吐いたりしているからです。

【指示4】隣の人に自分の意見を言いなさい。言ったら、隣の人の意見も聞
　　　　　きなさい。

　近くの人と意見を交換することで、発言への抵抗感が少なくなる。
　2〜3人と話をした段階で、ストップをかけ、全体での指名なし発表に進む
ようにする。様々な意見が出るだろうが、すべての意見を認めていく。

6．自分ならどうするかを考えさせる

　授業を受けている子どもたちは、ほとんどが重病ではない。猿渡瞳さんのお
話は、特殊である。子どもたちは、この段階で自分たちのこととして考えてい
ない。そこで、もう一歩突っ込んで、「自分ならどうするか」を考えさせる。

【発問5】なぜ「命の大切さ」を弁論大会で伝えようと考えたのでしょうか。

　残された命を使って瞳さんが伝えたかったことを考えることで、自分のこと
として考えるようにさせる。最後に、感想を書かせて終わる。

【評価のポイント】　※感想文を元にする。
価値理解　「命の大切さ」について考えを書いたり発言したりできたか。
人間理解　「瞳さんが伝えたかったこと」について書いたり発言したりできたか。
他者理解　自分の意見と反対の友だちの意見を認める内容が書かれているか。

（原田朋哉）

4 「生命や自然」について学ぶ道徳授業(2)

自然愛護
「ごめんね、オオキンケイギク」（廣済堂あかつき） **4年**

 学んだことを特別活動や総合的な学習の時間、生活につなげ、学び
を深めます。

【主体的な学びの発問指示】写真の花を抜いている人を見つけたらどうし
　　　　　　　　　　　　　ますか。

【対話的な学びの発問指示】オオキンケイギクがあなたの家の近くに咲い
　　　　　　　　　　　　　ていたらどうしますか。

【深い学びの発問指示】自分だけ、自然愛護活動に取り組まないのはいいことか。

◆　地域の自然愛護活動につなげるポイント

　授業の展開の中で、子どもたちが、今後の地元の自然愛護活動の際に感じる
と想定される主人公めぐみの「心の様子」をおさえる。授業の終末部で、道
徳の授業で学んだことを、これからの自然愛護活動で生かすことを伝える。こ
うすることで、子どもたちは他の自然愛護活動の際に授業のことを思い出すた
め、この学習でおさえたい価値理解をより深めることができる。

教材「ごめんね、オオキンケイギク」

　めぐみの住む地域では、5月の最後の日曜日に、「オオキンケイギク駆除活
動」がある。めぐみは、きれいな花だからオオキンケイギクを抜くことに反対
だった。しかし、おじさんにオオキンケイギクが自然環境をこわしてしまう存在
だと教えてもらい、「ごめんね」とつぶやきながらも駆除に取り組んでいくお話。

1．資料を読み聞かせる

【発問1】写真のきれいな花を抜いている人を見つけたらどうしますか。

「ひどいことをしてると思う」「だめだよと注意する」「何もしない」「止める」
などの意見が出る。

　様々に意見を出させた後、教師が資料を範読する。

2．主人公の人物像に迫る

お話の状況を、確認していく。

【発問2】めぐみさんの地域の活動は何ですか。 ―オオキンケイギクの駆除活動。

【発問3】めぐみさんはオオキンケイギクの駆除活動をお母さんから聞かされた時に何と言いましたか。 ―予定があるから無理。

【発問4】お話のはじめ、めぐみさんはオオキンケイギクを駆除することをどのように思っていますか。 ―あんなにきれいなオオキンケイギクを、増えすぎたから抜くなんて、信じられない。

【発問5】お話のはじめとおわりでめぐみさんの駆除活動への思いは変わりましたか。そのことが分かるめぐみさんのつぶやきに線を引きなさい。

ここまでは、素早く確認する。

【発問6】めぐみさんの考えを変えたおじさんの言葉に線を引きなさい。

---

①この花は、特定外来生物といって、育てることをきん止されてる。

②こいつが増えすぎたせいで、他の植物が生きられなくなってきたんだ。

③人間が、オオキンケイギクを外国から持ってきたんだ。なのに、今じゃ、悪者扱い。

線を引いたところを発表させ、確認する。

【発問7】オオキンケイギクがあなたの家の近くに咲いていたらどうしますか。
①抜く　②抜かない　③その他
選んだ理由をノートに意見を書きなさい。

【説明1】オオキンケイギクはみんなの滋賀県にもたくさん生えてきました。

3つの意見のどれかを選んだ後、理由もセットでノートに書かせる。書けた子から、ノートをチェックする。黒板に意見を書かせて発表。

〈抜く派〉　　◇他の植物が生えられないのはよくないから。

　　　　　　　◇たとえきれいに咲いていても増えたら大変なことになるから抜く。

〈抜かない派〉◇悪いのは人間だから、きれいに咲いている花を抜くのはおかしい。

◇いざ、抜く時になると、きれいな花を抜くのがかわいそう。

〈その他〉 ◇どこに咲いているのかを調べて、先生やお家の人に知らせる。

意見交流終了後、「ノートに友だちの意見を聞いて気付いたこと、思ったことを1つ以上書きなさい」と指示する。意見を書けなかった子も意見を書けた状態になる。

> 【発問8】自分だけ、自然愛護活動に取り組まないのはいいことか？
>   いいか。だめか。選んで理由をノートに書きなさい。

お隣同士で発表させて、全体で発表させる。

3．今後の地域活動につなげるための展開をする

> 【説明2】みんなの住んでいる滋賀県の琵琶湖のお話です。
>   ①琵琶湖ではブラックバスが増えました。ブラックバスは外来魚です。ブラックバスは琵琶湖の魚や卵をかたっぱしから食べます。
>   ②琵琶湖でのルールに「外来魚のキャッチ＆リリース禁止」があり、ブラックバスは、釣ったら外来魚回収ボックスに入れて駆除します。
> 【発問9】外来魚回収ボックスに反対ですか？　賛成ですか？

> 【評価のポイント】　※ノートを元にする。
> 価値理解　「自然を大切にする」ということが書かれているか。
> 人間理解　「自然を護るためには駆除しないといけないものもある」ということが書かれているか。
> 他者理解　友だちの意見を認める内容が書かれているか。

【授業のポイント】

「自然を大切にする」をテーマに「写真のきれいな花を抜いている人を見つけたらどうしますか」と問う。でも、自然を守るためには、きれいな花も抜かなければならないことを、理解できるようにする。

（久田広光）

感動、畏敬の念
「アルソミトラの空」（学研教育みらい）

 教科書の資料を題材にして、様々な関連する資料に触れさせていく。

【主体的な学びの発問指示】アルソミトラの種は本当に空を飛ぶと思いますか。

【対話的な学びの発問指示】あなたがお話に出てくる「男」だったら、アルソミトラの種が飛んだ瞬間の写真を撮りましたか、撮りませんでしたか。

【深い学びの発問指示】今回のお話は国連のSDGs（持続可能な開発目標）の17の目標のどれに一番関係していますか。

「アルソミトラの空」は、アルソミトラの種が空を飛ぶ瞬間を写真に撮りに来た男が、現地の少年と知り合い、交流を深める中で、アルソミトラの種が空一面に飛ぶ美しさに感動し、自然への畏敬の念を感じる話である。

1．資料を読み聞かせる

　最初に教師がお話をゆっくりと読み聞かせる。

　教師が範読することで、児童に場面の臨場感がより伝わりやすくなる。

2．お話の状況を理解させる

　いくつか発問をして児童とやり取りをしながら、資料に出てくる場面の状況を簡単に確認していく。

【発問1】登場人物は誰ですか。　―男と少年。

【発問2】男は何をしに来たのですか。　―アルソミトラの写真を撮りに来た。

【発問3】男はアルソミトラが飛ぶのを見ることができましたか。　―できた。

【発問4】男はアルソミトラが飛ぶのを写真に撮ることができましたか。
　　　　　―できなかった。

3．議論させる

　この教材での主発問を以下のように考えた。

> 【発問5】もし、あなたがお話に出てくる「男」だったら、アルソミトラ
> 　　　　の種が飛んだ瞬間の写真を撮りましたか。撮りませんでしたか。

〈撮った派〉
◇本来の目的は、種が飛ぶ瞬間の写真を撮ることなのだから。
◇長い時間待って、ようやくやってきたチャンスだから。
〈撮らなかった派〉
◇写真で撮るよりも自分の目で見て心に思い出として残した方がよいから。
◇少年との大切な時間を無駄にしたくはないから。
「撮った」か「撮らなかった」か、どちらかを選ばせてノートに書かせ、そう
考えた理由も書かせる。
　理由が書けた児童からノートを持って来させてチェックしていく。
　その後、少数派の意見からノートを読ませて自分の考えを発表させる。
　少数派の発表が終われば、今度は多数派の意見を同様に発表させる。
　正解があるわけではないのでどちらの意見でもよいことを最後に確認し、多
様な考え方があることを認めていく。

4．もう一歩突っ込んで発展させる

①アルソミトラの実物が飛んでいる動画を見せる

> 【発問6】アルソミトラの種は本当に空を飛ぶと思いますか。

　と、子どもたちに考えさせる。YouTubeで「アルソミトラ」と検索すると、
実際にアルソミトラの種が飛んでいる様子の動画が多数ヒットする。児童に動
画を見せることで、資料に出てきた場面の様子を映像としてより身近に体感さ
せることができる。
　また少し値段は高いが、実物のアルソミトラの種もネットで販売されている
ので、購入して実物を見せることも可能である。
②SDGsの取り組みにつなげる

偉大な自然の美しさを守っていくという意味からSDGs（持続可能な開発目標）の取り組みへとつなげていくことも可能である。

> 持続可能な開発目標（SDGs）とは、2001年に策定されたミレニアム開発目標（MDGs）の後継として、2015年9月の国連サミットで採択された「持続可能な開発のための2030アジェンダ」にて記載された2030年までに持続可能でよりよい世界を目指す国際目標です。（外務省HPより）

　SDGsの取り組みは、今後必ず児童に教えていかなければならない事柄の1つである。
　今回の資料に関連づけて、

> 【発問7】今回のお話はSDGsの17の目標のどれに一番関係していますか。

と考えることで、SDGsの目標「1　貧困をなくそう」や「15　陸の豊かさも守ろう」などの目標と関係して発展した学習も行うことができる。

> 【評価のポイント】　※授業後の感想文等を元にする。
> 価値理解　「自然の美しさ・偉大さ」について書かれているか。
> 人間理解　「『男』の取った行動」のことが書かれているか。
> 他者理解　「少年と男との交流」について書かれているか。

【授業のポイント】
「生命や自然に対する感動・畏敬の念」は1つの資料だけで育つものではない。教科書の資料を元にしながら映像資料なども提示し、できるだけ直接体験に近づけていくことで、子どもたちに生命や自然について考える機会を多く与えていく。

（田中直行）

4 「生命や自然」について学ぶ道徳授業（4）

よりよく生きる喜び
「青の洞門」（日本文教出版）

6年

 了海の取り組む姿勢と覚悟を感じ取り、自分に置き換えて考える。

【主体的な学びの発問指示】自分が今頑張ろうと思って取り組んでいることは何ですか。それに対して、どの程度取り組みが進んでいますか。

【対話的な学びの発問指示】掘り続け、トンネルを開通させた了海をどう思いますか。

【深い学びの発問指示】自分が了海だったとしたら、掘り始めて10年のころ、石工たちが次々とやめていった時、掘り進める作業を続けようと思いますか。

「青の洞門」とは、大分県中津市にある手掘りのトンネルである。江戸時代、危険な崖道から足を踏み外して死んでしまう人が多く、僧の了海が自ら犯した罪の贖罪をかねて、がけをくりぬき、道を開通させようと試みる。はじめはできるわけがないと高をくくっ

ていた村人たちが、何十年も槌とノミを振るう了海の姿に心動かされ、応援するようになった。了海を親の敵と考える実之助までも行動を共にするようになり、開通した後は過去のすべてを水に流したというお話である。時間をかけて掘り進んでいく了海に対して、その覚悟について触れさせ、自分に置き換えて考えさせる（なお、「了海」は菊地寛の小説『恩讐の彼方に』での名前である）。

1．資料を読み、感想を言い合う

長文である。教師が範読する。

読み終えた後、簡単に班の中で感想を交流し合う。2～3分、時間をとった

後、全体の場で感想を発表し合う。

> 【発問1】掘り続け、トンネルを開通させた了海をどう思いますか。

・21年もかかって掘り進めたのがすごい。

・自分だったらできない。

・最初で少しか削れなかったから、自分ならあきらめてしまう。

2．議論させる発問を行う

【主発問】

自分が了海だったとしたら、掘り始めて10年のころ、石工たちが次々と辞めていった時、掘り進める作業を続けようと思いますか。

> 【指示1】ノートに、「続ける」「続けない」どちらかを書きます。理由も
> 合わせてノートに書きなさい。

　自分の意見が書けた子から、ノートを前に持ってこさせる。教師は子どもの意見を確認する。

〈続ける派〉

・10年がんばって、4分の1近くまで掘ることができた。掘った努力は裏切らない。

・掘り進めていくうちに、また人も集まるだろう。

・ここであきらめたら、これまでの努力が無駄になる。

・まだまだ、自分の犯した過ちを償いきれていない。

〈あきらめる派〉

・だいぶ年老いてしまった。あと4分の3は一人ではきつい。

・石工が辞めていくのがつらかった。

僧　了海

・また、一人きりで作業していくのがいやになってきた。

・ここまでやったのだから、志ある若者が後を継いでくれる。

3．議論させる

　ノートに書かせたことを元に、議論をさせる。

【指示2】班で意見を言い合います。他の人の意見を聞いて、言いたいことがあったら意見を言ってもかまいません。

少人数で交流した後、全体で意見を発表させる。相手に意見を伝えることで自信を持たせ、全体交流の場でも意見を言えるようになる。

4. 自分に置き換えて考えてみる

了海は、覚悟を持ってこの取り組みを進めていった。自分自身はどうなのか、普段の生活に戻って考えさせる。

【発問2】自分が今、がんばろうと思って取り組んでいることは何ですか。それに対して、どの程度取り組みが進んでいますか。

【指示3】そのことを入れながら、ノートに今日の感想を書きなさい。

「がんばろうと思って取り組んでいることなどない」と、考えている子は多いと思う。そこで、学期初めや年度初めに立てさせた目標を元に考えさせるとよい。今の努力で、目標は達成することができるのだろうか。難しいのならば、何を修正していけばできるのだろうか。そのことを踏まえてノートに書かせる。書く中で自分のこれまでの行動を振り返り、もう一度、目標を立てた時の自分に立ち返って考えさせることができる。

【評価のポイント】　※授業後の感想文等を元にする。

価値理解　困難な取り組みに向き合うことのしんどさを踏まえた記述が書かれているか。

人間理解　困難なことに取り組む自分の今の姿勢を客観的に振り返る記述が書かれているか。

他者理解　自分の考えと違う意見を認めつつ、自分の姿勢を貫くことができたか。

（溝口佳成）

「安定型」道徳授業の基礎基本 **4年**
「お母さんのせい求書」（学研教育みらい）

 POINT! 5つのパーツで組み立てる。

「お母さんのせい求書」（学研教育みらい「新・みんなの道徳 4年」令和 2 年度版）を活用する授業である。

---

① 価値を方向づける

「どんな時に、家族から大事にされていると感じますか」

—家族から何かしてもらった時。

—家族に褒められた時。

—誕生日で祝ってもらった時。

---

② 読み聞かせる

教師が読む。ゆっくりゆっくりと読む。

ゆっくり読むから、子供たちに情報が入っていく。

早口で読んではいけない。

---

③ 内容を確認する

「誰が出てきましたか」

—だいすけ。

—お母さん。

「どんなお話ですか」

—だいすけがお母さんにお金を請求した話。

---

④ 発問

発問をする際には、「そのとき、太郎はどう思ったでしょう」など、登場人物の心情理解ばかりを問わないようにする。

「教育課程企画特別部会　論点整理」（平成27年 8 月報告）では、従来の道徳

の授業の課題として「登場人物の心情理解のみに偏った指導」が挙げられている。登場人物の判断や心情については、「自分との関わり」という視点で考えさせることが大切だ。

　例えば、次のように発問する。

「自分がお母さんなら、だいすけに何と言いますか」

「自分がだいすけなら、お母さんに何と言いますか」

「だいすけの請求書に、みなさんは賛成ですか」

「みんなのお母さんが請求書を書くとしたら、どんなことが書いてありそうですか」

⑤　価値の一般化

「みんなが家族のためにできることは何がありますか」

「ノートに書きなさい」

　書けた子から発言させていく。

　最後に、教師の語りを入れても良い。

「先生のお母さんも、たくさんいろいろなことをしてくれました」

「毎日ご飯を作ってくれました。洗濯もしてくれました」

「だけど、先生のお母さんは、今はもう天国にいます」

「あれだけ先生のためにしてくれたのに、先生は何１つ恩返しをしていません」

「お母さんがいなくなって、初めてお母さんのありがたさを先生は知ったのです」

「みんなもお母さんに感謝しているなら、行動したほうがいいですね」

「手伝いでもいいのです。ありがとう、という言葉でもいいのです」

「家に帰ったら、何か１つでもいいからしてごらんなさい」

　ノートに感想を書かせて、授業を終える。

（林　健広）

「議論型」道徳授業の基礎基本 **6年**
「最後のおくり物」(日本文教出版)

 なぜ議論するのか? 趣意説明が大事である。

「最後のおくり物」という資料がある。

俳優の養成所に通いたい青年に、守衛のジョルジュじいさんが、こっそりとお金を送り続ける話。

最後に、ジョルジュじいさんは亡くなってしまう。

「手品師」にも言えることだが、現実離れした話だ。

養成所に行きたいなら、アルバイトをしてお金をかせげばいい。

青年を助けるために、病気なのに働き続けるじいさんの親切は追試してはいけない。

ただ、教師の思いをそのまま授業するわけにはいかない。

次のように授業した。

①読み聞かせ あらすじの確認

まずは、教師が読み聞かせをする。ゆっくり子どもの脳に這い込むように読む。

次に、「登場人物は誰ですか」「何のお話ですか」と、あらすじを簡単に確認する。

② 討論させる

「ジョルジュじいさんの行動に賛成ですか、反対ですか」

ノートに〇か×を書かせる。〇が12人、×が9人。

意見を書かせる。5分以上時間を取る。6行以上書けた子から、教師のところへ持ってこさせる。

〇をつけてから、黒板に書かせる。全員、黒板に書かせたあとで、黒板に書いた意見を少数派から発表させる。

その後、討論へ進む。

子どもたちにはいつも趣意説明をしている。

　　「道徳の討論ですから、正しいとか正しくないとかはありません。こんな考え方もあるのか、と考えの幅を広げることができたらよいのです。そうすれば、将来いろいろな考えの人と仲よくできますから」

と毎回、趣意説明をしている。

　子どもたちの論点は3つ。

　1つ目が、「自分の健康」と「親切」である。

　×派は自分の健康をくずしてまで、人に親切にする必要はない。

　そもそも、青年はアルバイトをしながら養成所に行けばよい。

　○派は、自分からした行動だからそれでよい、という意見であった。さらに、「親切は相手だけでなく自分も幸せにならなければ親切とはいえない」という意見が出て、論争になった。

　2つ目に、「仕事の責任」と「親切」である。

　ジョルジュじいさんは守衛なのに不審者（青年）が養成所をのぞくのを許している、さらに仲間にまでそれを許すように勧めているという反論である。

　3つ目に、最後の青年の涙。

「嬉し涙」か「悲しい涙」かで論争が起きた。

③学んだこと、自分自身のことを書かせる

　授業終了5分前。

「今日の学習を活かして、自分が行動することを書きなさい」と指示した。

「自分も大切にしながら相手にも親切にする」

「自分の意志で人に親切にする」

　など書いていた。

　自分自身との関わりを押さえることが大切だ。

　討論で、教師が考えたこと以上のことを分析していた。

（林　健広）

「感動型」道徳授業の基礎基本 **4年**
「ゆめに向かって」（文溪堂）

 POINT! 感動した生き方に線を引かせる→友だちと話し合わせる。

　道徳の授業で、スケート選手の羽生結弦さんの授業をした。

「ゆめに向かって」という学習内容。1週間後の持久走大会に向けて、ぴったりの内容であった。

　次のように授業した。

---
①資料を読む

　道徳の資料は、教師が読み聞かせをする。

---
②あらすじを大まかにつかむ

「誰が、どうした話ですか？」A君を指名しました。

「羽生さんが、スケートをがんばって　夢をかなえた話です」と答えた。

---
③夢をかなえた考え方、行動に線を引く

「羽生さんは、夢をかなえました。また今でもさらなる夢に向かっています」

「羽生さんが、夢をかなえられたのはどうしてですか？　羽生さんの考え方、行動に線を引きなさい」

　教科書には、人がたくさん載っている。

　どれも夢をかなえた人たちだ。

　夢をかなえるための原理原則がちりばめられている。

　線を引かせることで、その原理原則に気づかせることができる。

---
④どこに線を引いたか、隣同士で話し合う

「どこに線を引きましたか。近くの席の人に言いなさい」

　子どもたちは、「ぼくはここに引いたよ」と話し合っていた。

　数分後、「線を引いた、その理由も隣近所に言います」とも言った。

わいわいがやがやと、子どもたちは楽しそうに話していた。

自分自身との関わりを押さえることが大切だ。

討論で、教師が考えたこと以上のことを分析していた。

⑤発表する

隣同士で話し合ったことを、全体で発表させた。

「ぼくは、やめなかったに線を引きました。なぜなら、小学校のとき止めていたら、夢はかなわなかったからです」

「私は、くやしいに線を引きました。金メダルでもくやしいという気持ちだから、夢はかないました」

発表は、どんどん続く。

子どもたちの発表を、私が整理した。4つのポイントだった。

①毎日、練習する

②続ける

③ライバルがいる

④1位でもくやしい

⑥自分の生活にあてはめる

「みんなも、もうすぐ持久走大会がありますね。1から4で自分に当てはまるってことありますか?」

毎日練習するという子が30名。続けるが35名。ライバルがいるが34名。ライバルの名前を、どんどん言った。名前がでるたびに、大盛り上がりだった。

「○○さんです!」「○○くんです!」「○○くんです!」というように。

A君は「自分がライバルだ」と言っていた。

とてもすばらしい考えだ、と褒めた。

⑦羽生さんから学んだ生き方、これから自分でやる行動を書く

「羽生さんから学んだ生き方、これから自分でやる行動を書きなさい。ノート1ページ分書きなさい」と指示した。

（林　健広）

4 6つの授業の型で、高学年道徳の教科書を攻略する！

「活動型」道徳授業の基礎基本
「せきが空いているのに」（光文書院）

 POINT! 具体的な行動を意識させる。

1．授業の流れ

（1）学習内容についてのレディネスを確認する

> 【発問1】みんなにとって、何をすることが親切ですか。

（2）つなげたい活動に適した教材を選ぶ（読み聞かせをする）

> 【指示1】先生が読みますから、みんなは目で読みましょう。

（3）お話の状況を理解させる

> 【発問2】誰が出てきますか？　―お父さん、ぼく、おじさん。
> 【発問3】どんなお話ですか？　お隣にお話ししてごらん。
>
> 　　　目が見えないおじさんが電車に乗ってきた。ぼくは、お父さんに「空いている席を教えてあげればいい」と相談すると、お父さんは、おじさんに話に行く。話し終えたお父さんは、「あのおじさんは、自分の力で降りるためにここに立っているのだ」ということを伝え、ぼくは嬉しくなった。

【主発問】

ぼくとお父さんは親切をしたのでしょうか。
【指示2】ノートに意見を書きなさい。

（4）もう一歩突っ込んで考えさせる

> 【発問4】本当の親切とは何ですか。

（5）今後の活動につなげる

【発問5】 これから、どんな親切ができそうですか。

2．授業のポイント

　活動型は、日々行う様々な活動につなげる授業の組み立て方である。

　低学年は、あいさつやお辞儀など、日常生活の基本的な生活習慣が中心になるが、高学年になると福祉活動や、お年寄りや下の子のお世話など、「主人公が人のために何かをしようとする読み物資料」を選んで授業を組み立てると効果的である。

（1）導入で活動内容のレディネスを確かめる

「親切」「思いやり」について学習する教材である。これを活動につなげるために、直接的ではあるが「親切」の子供たちのスタート基準を確認した。

　活動型の場合、この「レディネス」を確認しておくことが大切である。子どもによって、体験の量が違うからである。

　この授業では、「貸してあげる」「手伝ってあげる」「拾ってあげる」「アイテムをあげる」という意見が出た。ここで、「〜してあげる」に注目する。子どもたちは、「〜してあげる」ことが親切だと捉えているのである。

（2）具体的な活動を書かせる

　活動型授業では、学びを今後の活動につなげたい。そのためには、価値を知ることだけでは不十分となる。どう活用するのか、今後の活動について考えさせて具体的な行動にまで落とし込む。

　高学年では、授業の中でロールプレイするよりも、「これから、どんな○○ができますか」と聞き、具体的に書かせることが大切である。

【評価のポイント】　※感想文、発表を元にする。
価値理解　本当の親切について、授業の内容を取り上げて書かれているか。
人間理解　本当の親切をするとお互いに気持ちが明るくなるといった内容
　　　　　が書かれているか。
他者理解　相手の立場や気持ちを考えて行動する内容が書かれているか。

（林　健広）

「自我関与型」道徳授業の基礎基本 4年
4年「ぼくはMVP」(光文書院)

 POINT! 自分と他者を意識させる。

1．授業の流れ

(1) 教材に触れさせる　(読み聞かせをする)

【指示1】先生が読みますから、みんなは目で読みましょう。

(2) お話の状況を理解させる

【発問1】誰が出てきますか？　―ぼく(こうちゃん)、ただし。

【発問2】どんなお話ですか？　お隣にお話ししてごらん。
　　　　ドッジボールで、相手の投げたボールがぼくのひざをかする。でも、ぼくはコートの外に出なかった。結果、ぼくのチームは逆転で勝利する。味方が大喜びする中、ぼくは一人、気が重くなる、という話。

(3) 日常と比較する

【発問3】みんなも同じような経験はありませんか。
【発問4】自分ならこの時どうしますか。

【主発問】
ばれなかった「ぼく」が、この後も同じようなことを続けていくと、「ぼく」はどうなると思いますか。

(4) もう一歩詰める

【発問5】ぼくのチームが負けていれば、外に出なくても問題ないですか。

(5) 感想を書かせる

【指示2】友だちの意見を聞いた感想をノートに書きましょう。

2．授業のポイント

　自我関与型は、自分とのつながりの中で、道徳的価値について考えさせる授業の組み立てである。この型は、「主人公が自分の信念に従い行動する教材」や「主人公がどう行動するか迷う教材」で組み立てるのがよい。

（1）本音を引き出し、自分のこととする

「みんなも同じような経験はありませんか？」と聞いた後、クラスでは、ある子が「○○君がこの前それをやっていました」と他人を引き合いに出した。名指しされた○○君が「うん、やってしまったよ」と照れくさそうに認めた。本音が出やすいクラスであれば自分であればという視点をもちやすい。

　しかし、そこで「やっていない！」「やった！」と言い合いになりそうなときは、方法を変える必要がある。その場合は、「先生も実は、子どもの時に同じことがあってね……」と教師自身の体験を話すことで本音を引き出すようにする。

（2）客観的に見る場を作る

　その時は良くても、長い目で見ていくとどのような結果になるのかを予想させる発問をする。そうすると、ほとんどの子どもが、否定的な考えを述べる。「いつかはばれてしまうと思う」「続けてしまうと、うそをつく習慣がついてしまう」「ずっと気持ちが悪いままだ」など。初めは、「黙っている」「少しくらいは許される」という判断であった子どもたちも、同じような意見を述べたり、否定したりせずに素直に周りの意見を聞けるようになっている。正直さが大切だという価値項目に気づかせることができる。

【評価のポイント】　※感想文、発表を元にする

　価値理解　過ちや失敗は誰にでもあるが、それをごまかさないことの正しさが書かれているか。

　人間理解　正直に行動することで、自分も周りも気持ちよく生活できるといった内容が書かれているか。

　他者理解　自分以外の考えに触れた内容が書かれているか。

（吉谷　亮）

「批判型」道徳授業の基礎基本 4年

4年「雨のバス停留所で」（光文書院）

POINT! 批判的な資料の見方を育てる。

1．授業の流れ

（1）教材に触れさせる （読み聞かせをする）

【指示1】先生が読みますから、みんなは目で読みましょう。

（2）お話の状況を理解させる

【発問1】誰が出てきますか？

【発問2】どんなお話ですか？　お隣にお話ししてごらん。

　　　　　みんなが屋根の下で雨宿りしているバス停で、よし子さんはバスが見えると、待っている人たちを置いて、自分が真っ先に列の先頭に並ぶ。それを見ていたお母さんの態度から、よし子さんが自分の行いを考え直す。

（3）常識的におかしいと思う部分に線を引かせる

【発問3】お話の中で、「こんなことはあり得ない」と思うことはありませんか。あり得ないと思うところに線を引きなさい。

（4）常識的にはどうするべきかを考える

【発問4】お母さんは、よし子さんが先頭に並んだ時、まず何をするべきだったと思いますか。

【主発問】

教科書のはじめに、「ルールは何のためにあるでしょう」とあるけれど、これは「ルール」なのですか？

（5）感想を書かせる

【発問5】マナーとは何ですか。感想をノートに書きなさい。

2. 授業のポイント

　批判型は、子どもたちの多角的に見る目を育てるための授業である。

　教師が読んで、「リアリティに欠ける読み物教材」を選んで授業を組み立てることが大切である。

（1）多様な意見を引き出し、教材を多角的に見る

　この授業のポイントになる発問は、「お話の中で、『こんなことはあり得ない』と思うことはありませんか」である。

　あり得ないところに線を引かせ、理由を書かせたあとに発表させる。

　教材を批判する意見が出た時、次のことが重要になる。

本時の価値や教師の意図とは違った意見が出ても、すべての意見を認める

　すべての意見を認めることで、子どもたちは多面的・多角的な考えを自由に発言できるようになる。

（2）発問で気付かせる

　教材を批判的に見ることは子どもには難しい。

　そこで、発問で教材の矛盾に気付かせる。

「教科書のはじめに、『ルールは何のためにあるでしょう』とあるけど、これは『ルール』なのですか？」と問うことで、子どもたちから「ルールではなく、マナーだ」という意見が出されるだろう。教師の発問一つで違和感に気付かせることができる。

【評価のポイント】　※感想文、発表を元にする。

　価値理解　マナーとルールの違いを意識した記述があるか。

　人間理解　マナーは周りの人のことを考えた行動であることが書かれているか。

　他者理解　友だちの意見にも触れながら自分の考えが書かれているか。

（吉谷　亮）

いじめに歯止めをかける授業

 いじめのその後を考えさせることでいじめに走ることを防ぐ。

【主体的な学びの発問指示】先生が話すことを友だちに言ったり、したり、見たり、聞いたりしたことがありますか。
【対話的な学びの発問指示】いるならどの人だと思いますか。
【深い学びの発問指示】他に不幸になる人はいると思いますか。

1. どこからがいじめかを考えさせる

【指示1】先生が話すことを友だちに言ったり、したり、見たり、聞いたりしたことがありますか。ある人は、心の中で手をあげてください。

「くさい」、「きもい」などと言う。物を落としてもその人の物は拾わない。逆にその人から拾ってもらった時にはティッシュなどで拭いたり、洗ったりする。筆箱や靴を隠す。手紙にその人の悪口を書いて友だちに回す。何人かの友だちと一緒になってこそこそ噂話をしたり、遠目で笑ったりする。わけもなくたたいたり、けったりする。「あっちにいけ」、「消えろ」、「死ね」などと言う。

【発問1】今の話はどこからがいじめになると思いますか。

被害者が心や体に苦痛を感じていればいじめとなることを伝える。

2. いじめに関わった人はみな不幸になりうることに気付かせる

【発問2】実はこの話はある女の子が受けたいじめの話です。周りの人たちはその様子を笑って見ていたり、気付かないふりをしたりして、誰もとめようとはしませんでした。その子は、耐えられなくなって転校していきました。この後、だれか不幸になった人

　討論をさせることで考えを深めさせる。討論の後、それぞれのその後の人生のエピソードを紹介し、全員が不幸になりうることに気付かせる。不幸になるという意見が多かった方から紹介する。

〈被害者〉

　転校してから、私をいじめた人たちと会うことはなかったが、「またいじめられたら」と思うと、新しく会う人たちとうまく話をすることができなかった。中学、高校、そして就職と大人になるにつれて、友だちづくりも少しずつできるようになったが、とても時間がかかった。物がなくなったり、同じ部屋で別の人たちが会話をしたりしていると、「またいじめにあっているのかもしれない」と思い、落ち着いて過ごすことができない。

〈周りで見ていた人たち〉

　転校すると聞いた時にはとてもショックだった。一人の友だちの人生が狂い、それを自分がとめることができたのではと思うと辛かった。「将来、その子と会った時、私はどう接すればよいのだろうか。私のことも憎んでいないのだろうか」と思うと、買い物や遊びに行っても心から楽しめなかった。そして、「私がとめなかったということは、私がいじめられても、だれもとめてはくれないかもしれない」と思うと、不安でたまらなかった。

〈加害者〉

　転校をすると聞いた時は少しショックだったが、あまり気にせず過ごすことができた。しかし、学年があがるにつれて新しい友だちができなくなったし、周りが自分を避けているように感じた。高校に入る時や就職する時には、そこに自分がいじめた人がいたらどうしようと不安でたまらなかった。完全に私が悪者だからである。きっと、周りの人は私を避けるようになるだろうと思った。これから先、自分の子どもが幼稚園に入る時、小学校に入学する時も同じ心配をすると思うと後悔しかない。私がいじめた人が今は幸せでいること、私を許してくれることをずっと願っている。

3．いじめによる不幸の連鎖はつながっていく

　いじめは、家族も巻き込むことを知ることで、さらにいじめに歯止めがかか

るようにする。討論形式で行うが、出ない場合には教師が紹介する。

【発問3】 他に不幸になる人はいると思いますか。

〈被害者の家族〉
　娘の転校のために引っ越したことで、片道2時間かけて仕事に行くことになった。朝食や夕食を家族と一緒に食べることができなくなった。妻はそれまでの慣れ親しんだ職場をやめ、引っ越し先の近くで仕事を探すこととなった。娘がいじめを思い出すという理由で、ランドセルや洋服を買い替えた。それだけではない、娘の部屋にあった机、ベッド、カーテンなども全て買い替えた。通っていた幼稚園をやめることになって泣いている息子を見た時には、私も涙をこらえることができなかった。

【説明1】 でも、不孝になる人はこれだけではありません。いじめをした人の家族も不幸になるのです。家族全員が近所の人から白い目で見られるようになります。買い物に行ったり、行事に参加したりした時に、いじめを知っている人からひそひそ話をされるようになります。万が一、いじめを受けた人が自殺をすると、ネット上にどこの誰がいじめたのかという情報が流れることがあります。そして、人殺しの家族として世の中に知られることになります。いろんな人を不幸にしてまでもいじめをしたいですか。

最後に感想を書かせて授業を終える。

【評価のポイント】 ※感想文を元にする。
価値理解 「いじめはしない」という内容が書かれているか。
人間理解 いじめをとめる難しさについて書かれているか。
他者理解 自分とは違う感じ方を認める内容が書かれているか。

（武廣大輔）

「いじめを許さないこと」を実感させる授業

 事実を提示し、「いじめが犯罪」であることに気付かせる。

【主体的な学びの発問指示】あなたがこのいじめに気付いていたら、どう
　　　　　　　　　　　　　しますか。
【対話的な学びの発問指示】「いじめ」と「遊び」の違いは何ですか。
【深い学びの発問指示】このクラスでいじめが起こらないようにするため
　　　　　　　　　　　に、自分ができることは何ですか。

「いじめを許さないこと」を実感させるためには、現実に行われているいじめ
の内容を伝えて、「ひどい、許せない」と思わせることが大切である。

　実際にどのような行為が行われたのかを伝え、いじめが犯罪であることに気付かせる。また、加害者が陥りがちな「シンキングエラー」である「いじめではなく、遊びのつもりだった」という発言を取り上げ、自分たちの学級でも起こりうること、日常的に行われている行為がいじめではないのかを子どもたちに考えさせる授業である。

１．日常に起こりうるいじめについて考えさせる

【発問１】教室のうしろの方でプロレスごっこをしています。「いじめ」で
　　　　　すか。「遊び」ですか。その理由も書きなさい。

　短く書かせて、近くの子同士で対話させ、その後に発表させる。「遊び」というキーワードをおさえる。

【発問２】「いじめ」と「遊び」の違いは何ですか。

◇「遊び」は、お互いに技をかけ合い、対等な関係である。
◇「いじめ」は一方的に技をかけ、加害者と被害者が固定化している。
◇相手が嫌がっているかどうかで「いじめ」か「遊び」かが決まる。

2. 自分のこととして考えさせる

【説明1】今から数年前にある学校でいじめが起こりました。一人の男子
　　　　生徒Aくんが、クラスで中心的な複数の男子生徒（同級生）に
　　　　以下のことを繰り返しされました。
　　　　①プロレスやボクシングごっこと言って、技をかけられたり、殴
　　　　　られたりした。廊下で蹴られたり、首をしめられたりもした。
　　　　②ズボンを脱げと言われた。
　　　　③万引きをしてこいと言われた。

【発問3】あなたがこのいじめに気付いていたら、どうしますか。

◇先生に言う。◇やめるように言う。◇何もできない。◇親に言う　など。

【発問4】いじめられたAくんはこの後、どうなったと思いますか。

　誰一人、教師に相談するなど、いじめを止めようとする行動がなかったこと
を伝え、自殺したことを伝える。その後のアンケートで、多くの生徒がこのい
じめについて知っていたことが明らかになったことも伝える。
　ここまでの感想を書かせ、いじめが人の命を奪うこともある、ひどい行為で
あること、もし、誰か一人でも教師に伝えて、手を打っていれば、このような
悲しい結末にならなかったことに気付かせる。

【指示1】ここまでの感想を書きなさい。

3. いじめに関わった人はみな不幸になりうることに気付かせる

【説明2】同級生がしたことは、犯罪です。次の6つの罪になります。
　　　　①暴行　②恐喝　③強要　④窃盗　⑤脅迫　⑥器物損壊
【発問5】いじめた同級生はどうなったと思いますか。罰せられたか、罰
　　　　せられていないか。理由も含めて近くの人と話し合いなさい。

「罰せられた」……ひどいことをしたから。

「罰せられない」……まだ子どもだから。

> 【説明3】暴行や恐喝、強要、窃盗、脅迫、器物損壊の6つの罪で加害側の
> 同級生を刑事告訴しました。裁判にかけられ、警察でも調べら
> れ、3000万円以上を支払うことになりました。いじめは犯罪な
> のです。

> 【発問6】裁判で同級生は自分たちがしたことを「いじめ」ではなかった
> と言いました。何だと言ったと思いますか。
> 【説明4】加害者側は「いじめではなく遊びだった」「いじっていただけ
> だった」と一貫して容疑を否定しました。
> 【発問7】みなさんは、「いじめ」だと思いますか。「遊び」だと思います
> か。理由も書きなさい。

◇いじめられた子が亡くなっているのに、遊びなわけがない。

> 【発問8】いじめる人たちは、自分のやっていることが悪いことではない
> と思っています。このクラスでいじめが起こらないようにする
> ために、自分ができることは何ですか。

◇ふざけ合っている時に、本当にお互いが対等かどうか気を付けてみる。
◇いじって笑い合っている時に、相手が本当に嫌がっていないか気を付ける。

> 【評価のポイント】　※ノートの記述を元にする。
> 価値理解　「いじめ」と「遊び」の違いについて書かれているか。
> 人間理解　「いじめに気付いてもやめさせることは簡単でないことについ
> て書かれているか。
> 他者理解　自分と違う友だちの意見についての考えが書かれているか。

参考文献：和久田学『いじめの科学』日本評論文社、2019
　　　　　山崎聡一郎『こども六法』弘文堂、2019

（四島　誠）

「傍観者」をなくす授業

 事例を元に、いじめを解決したり予防したりする方法を考えさせる。

【主体的な学びの発問指示】あなたがこの学校の生徒なら、どうしますか。

【対話的な学びの発問指示】実際にいじめを見たり気付いたりした時、みんなで何をすればよいでしょうか。

【深い学びの発問指示】最初に見せた写真の人たち。この人たちは、どうしてピンクのシャツを着たり、ピンクの物を持ったりしているのでしょうか。

1．ピンクシャツデーの意味を考えさせる

【発問1】（ピンクシャツデーの写真を見せ、感想を言わせた後）この人たちは、どうしてピンクのシャツを着たり、ピンクのものを持ったりしているのでしょうか。

ここでは、自由に考えさせたい。答えは言わず次に進む。

2．カナダのある学校でのいじめについて知らせる

【説明1】カナダでの出来事です。9年生（日本では中学3年生）の男の子がピンク色のポロシャツを着て登校しました。そのことを、数名のクラスメートから「ホモセクシャルだ」とからかわれ、暴行も受けました。男の子は耐え切れず、帰宅してしまいました。

3．自分のこととして考えさせる

【発問2】あなたがこの学校の生徒なら、どうしますか。

それぞれの行為とその理由についてノートに書かせる。その後、グループや全体で発表させる。

4．実際の解決方法について知らせる

【説明2】この事実を知った12年生（日本では高校3年生）二人は、放課後店に行き、75枚のピンクシャツを買いました。そして、メールやインターネットの掲示板に事情を書き込み、「明日、一緒に学校でピンクシャツを着よう」と呼びかけます。次の日、ピンクシャツを着た生徒が次々と登校してきました。ピンクシャツが準備できなかった生徒は、ピンクの物を身に着けて登校しています。その数、数百名です。

【発問3】この方法、効果があったと思いますか。

発問3は、理由も問いたい。

【説明3】効果がありました。大勢のピンクシャツの生徒を見て、いじめていた生徒たちは何もしなくなったのです。以来、その学校でいじめを聞くことはなくなりました。

【発問4】このお話から学んだ大切なことは何ですか。
　　　　　―行動を起こすことが大切。

時間があれば、詳しくノートに書かせる。

5．いじめの構造について理解させる

【説明4】いじめには、「加害者（いじめる人）」「被害者（いじめられる人）」「傍観者（見ている人・気付いている人）」がいます。

【発問5】この中で、いじめをなくすために大切なのは誰ですか。

【説明5】加害者は、「これは遊びだ」「自分には正当な理由がある」と思い込んでしまう特徴があります。「シンキング・エラー」と言います。被害者はいじめられるうちに「自分はいじめられても仕方がない」と思い込んでしまいます。加害者と被害者では、いじめは解決できません。

【発問6】いじめをなくすために大切なのは誰ですか。―傍観者。

いじめを止めるためには傍観者にならないことが重要であることを伝える。

6. 傍観者について考えさせる

【説明6】傍観者の83%は、いじめはよくないと思っています。でも、実際に助けようとしたのはそのうちの13%です。これには理由があります。①何をすればよいか、分からない　②報復を恐れている　③何かをして状況をさらに悪くすることを恐れている

【発問7】どうすればよいでしょうか。ヒントは、ピンクシャツのお話です。―みんなで助ける。

【説明7】一人で動くのではなく、みんなで相談して動けば、加害者も報復しにくいのです。いじめも解決へと向かいます。

【発問8】実際にいじめを見たり気付いたりした時、みんなで何をすればよいでしょうか。

発問8は、様々に考えさせ、交流させる。

7. いじめを予防するための活動について知らせる

【発問9】最初に見せた写真の人たち。この人たちは、どうしてピンクのシャツを着たり、ピンクの物を持ったりしているのでしょうか。

【説明8】東京の辰沼小学校では、TKR（辰沼キッズレスキュー隊）といういじめ防止活動をしています。2012年に始まり、今では260名以上の子どもたちが参加しているそうです。このように、いじめを予防することも大切ですね。

感想を書かせて、授業を終える。

（山下健太）

1 │ 「いじめ」を道徳でこう授業する（4）

「いじめに負けない子」を育てる授業 6年
「泣き虫」（光村図書）

 「いじめをやめて」を練習することで、いじめに負けない気持ちを広める。

【主体的な学びの発問指示】あなただったら、どんな言い方でいじめを注意しますか。

【対話的な学びの発問指示】このようないじめを放っておくとどうなると思いますか。隣の人と相談しなさい。

【深い学びの発問指示】安心できる学級にするにはどうしたらよいと思いますか。書きなさい。

　いじめられる藤井くんをだれも助けない。転校生の勇気くんがいじめを泣きながら注意する、という話である。

1．資料を読み聞かせる

　教師が，登場人物を確認しながら範読する。

2．登場人物をいじめの構造にあてはめる

【発問1】出てくる人は誰ですか。―わたし、勇気くん、トオルくんとその仲間たち、藤井くんとその仲間たち。

【発問2】いじめている子はだれですか。―トオルくんとその仲間たち。
　　　　　いじめられている子はだれ？―藤井くん。
　　　　　傍観者は？―わたし、みんな。
　　　　　いじめを注意したした人は？―勇気くん。

3．今後、それぞれどうなるかを予想させる

【発問3】勇気くんがいなくて、このようないじめを放っておくとどうなると思いますか。隣の人と相談しなさい。

◇いじめられている藤井くんが学校に来なくなる。

◇「わたし、みんな」は何も言えないで、いじめがひどくなる。

【発問4】「わたし」や「みんな」が、「いじめ、やめて」と注意できない
のはどうしてだと思いますか。

◇今度は自分がいじめられるから。

◇いじめているトオルくん本人も、「いじめ、やめて」と言えない。自分がい
じめ始めたし、やめたら、自分がいじめられるかも。

◇いじめている仲間の子たちも、「いじめ、やめて」と言えない。いじめる側
にいないと、今度は自分がいじめられるから。

4．いじめを放っておくと、だれもが安心できない学級になること を理解させる

【発問5】いじめを放っておくと、だれもが安心できる学級になります
か、安心できない学級になりますか。

◇安心できないクラスになる。

【発問6】だれもが安心できない学級とはどんな学級でしょうか。ノート
に書きなさい。

◇チクチク言葉が多い、ふわふわ言葉が少ない学級。

◇挨拶が少ない、しても小さい、みんながなんとなくビクビクしている学級。

◇一生懸命に取り組むと目立つのでテキトーにさぼる学級。

◇ぜんぜん楽しくないクラス。

◇行きたくない学級。いたくない学級。

【発問7】安心できない学級がいい人？　安心できる学級がいい人？

5．いじめをなくす方法を考え合う

【発問8】安心できる学級にするにはどうしたらいいと思いますか。書き
なさい。

◇先生、親に言う。　◇いじめられている人を守る。
◇「いじめ、やめろ！」と勇気を出して言う。

6．教師が子ども集団の教育力を話し、いじめ克服の見通しをもたせる

> 【発問9】「泣き虫」に出てくる勇気くんの言葉の中で、「いじめ、やめろ！」と似たような言葉があります。どんな言葉ですか。線を引きなさい。

◇「みんな、みんな、ひきょう者だ！　藤井くんの、どこがくさいっていうんだ。」
◇「みんなで寄ってたかって、たった一人を相手に、毎日、毎日、ひきょうなことを繰り返すんだ。」
◇「ぼくはそんなのがまんできない。」

> 【発問10】今後、いじめがあった時、あなただったら、どんな言い方でいじめを注意しますか。ノートに書きなさい。

◇「いじめ、やめて」
◇「ひきょうなこと、やめようよ」
◇「いいのかな？　そんなことして」

7．上記の言い方を「変化のある繰り返し」で練習する

> 【指示1】注意する言葉を先生と交代読みします。

8．授業の感想を交流する

> 【発問11】今日の授業で分かったこと、大切だと思ったことを書きなさい。

　全員が発表することが大事である。みんなでいじめに反対し、安心できるクラスをめざす気持ちを一つにする。

（和嶋一男）

「いじめられっ子を助けるスキル」を身につける授業

「転校生がやってきた」（東京書籍）

5年

POINT! モデリングとスケーリングで「助けるスキル」を身につける。

【主体的な学びの発問指示】いじめられている「ぼく」を見たら、あなた
はどうしますか。
【対話的な学びの発問指示】周りの友だちのことをどう思いますか。
【深い学びの発問指示】周りの友だち役をしてみてどんなことを感じましたか。

「転校生がやってきた」は、いじめられていた「ぼく」に対する転校生の関わ
りを通して、いじめられっ子を助けることについて考えさせる資料である。

1．資料を読み聞かせる

教師が、声のトーン、リズムに注意し、資料を範読する。

2．お話の状況を理解させる

お話の状況を、確認していく。

【発問1】出てくる人は誰ですか。—ぼく、琢磨、いじめる人、周りの人。
【発問2】誰がどうするお話ですか。—琢磨が、「ぼく」を助けてくれた話。
【発問3】ぼくがいじめられていることを周りの友だちは知っていましたか。

3．自分のこととして考えさせる

【発問4】琢磨さんのことをどう思いますか。
【発問5】周りの友だちはよい友だちですか、よいとは言えない友だちですか。

最初に琢磨さんのことを問うことで、周りの友だちの行動の問題点を浮き彫
りにさせることができる。

〈よい友だち〉

◇いじめていないし、最後は、「琢磨さんの考えに賛成」と言ったから。

◇「いけないことだ」と思っていたから。

〈よい友だちとは言えない〉

◇無視をしていたのなら、いじめていたのと同じだ。

◇靴隠しがあった時に、探していないのはよくない。

【発問6】 いじめられている「ぼく」を見たら、あなたはどうしますか。

◇いじめている人に「ダメだよ」と言う。

◇「ダメだよ」と言いたいけれど、言えないかもしれない。

4．正しい知識を教える

【説明1】周りで見ている人の83％の人が、「いじめはよくない」と思っています。でも、助けようとした人はそのうち13％しかいません。なぜ、87％の人は何もしないのでしょう。

【説明2】3つの理由があります。

①何をすればいいか分からない。

②自分がいじめられるのが怖いから。

③何かをして余計に友だちがいじめられるようになるかもしれない。

【説明3】でも、周りの友だちがいじめをやめさせようと「あること」を友だちと一緒にするといじめの57％に対してよい効果がありました。

【発問7】どんなことをしたと思いますか。

【説明4】「あること」とは次のことです。

①「そんなことはしたらダメだ」とはっきり言う。

②いじめられている友だちをその場から離れさせる。いじめる人がいる所に近づかないようにさせる。

③（大人、先生、友だちに）助けを求める。

④「（いじめられている友だちに）君は悪くないよ」と伝える。

5．モデリングをする

【説明5】（四人1組で、いじめる役一人、いじめられる役一人、周りの友

だち二人として、教師がモデルを示す）このようにします。

◇いじめる役：お前、こっちに来るなよ。
◇周りの友だち：そんなことを言うのはやめろ！　○○さん、あっちに行こ
　う。先生に相談しに行こう。

6．ロールプレイをさせる

【発問8】四人1組でします。それぞれの役を順番にします。いじめを止め
　　　　ることができるようにどのような言い方をすればいいでしょうか。

どのように言えばいいかを考えさせながらロールプレイさせる。目線、声の
大きさ、姿勢などをポイントとして提示する。

7．フィードバックをする

【指示1】周りの友だち役をやって、どのようなことを感じましたか。感
　　　　じたことをノートに書いて、互いに伝え合いなさい。

どんな感想も受け入れることを約束とする。自分と感想が違った場合は「君
はそんな風に感じたんだね」のような受け入れ方を示しておく。

8．スケーリングをさせる　　　0　1　2　3　4　5　6　7　8　9　10

【発問9】今やったことを絶対できる時を10、全くできそうもない時を0
　　　　とすると、今はどれくらいですか。
【発問10】その数値になった理由を書きなさい。

なりたい自分に対して今がどれくらいかを数値と理由で考えさせる。指導者
は、数値が1つ上がるとどんな状況になるのかを具体的にイメージさせる。未
来をイメージさせることで子どもの実践意欲を高めさせる。

【発問11】今日の授業で分かったこと、大切だと思ったことを書きなさい。

参考文献：和久田学『いじめの科学』日本評論社、2019　　　　　　　　（森　隆久）

2 「情報モラル」を道徳でこう授業する(1)

4年生の授業 インターネットの使い方を考える授業

 ネット依存について知り、インターネットの使い方を考えさせる。

【主体的な学びの発問指示】あなたがみのる君だったら、どの時点でどんな行動をしますか?

【対話的な学びの発問指示】ネット依存にならないためには、どうすればいいと思いますか?

【深い学びの発問指示】今日の授業で分かったことをノートに書きなさい。

　文部科学省の「情報化社会の新たな問題を考えるための教材」とサイトに児童生徒向けの動画教材や教員向けの指導手引きがある。今回は、教材⑯「ネット依存」(小1~小4)の導入編動画(約5分)を用いた授業展開例を紹介する。

1. インターネットの利用状況を発表させる

【発問1】みなさんはインターネットでどんなことをしていますか?
　　　　(オンラインゲーム、YouTube、調べもの……)

【発問2】多い時で1日に何時間ぐらい使用していますか?
　　　　①1時間未満　②1~2時間　③2~3時間　④3時間以上

【説明1】平成30年の調査では、小学生の1日の平均使用時間は118分、約2時間です。

【説明2】インターネットを使う小学生の動画を見ます。

2. 動画を視聴させる

【発問3】(1分15秒で止めて)タブレット、さわってもいい?　いけない?

【発問4】(2分20秒で止めて)このまま動画、見ていてもいい?　いけない?

【発問5】(3分25秒で止めて)動画、もっと見ていてもいい?　いけない?

ここでは、理由は聞かず、挙手による確認でよい。

3．動画の内容を理解させる

【発問6】誰が出てきますか？　―お母さん、お姉ちゃん、みのる。
【発問7】簡単に言うと、どんなお話ですか？
　　　　　―みのる君が動画を見すぎて、体調をくずしてしまう話。
【発問8】誰のどんな行動がよくなかったのですか？　理由も言います。

◇お姉ちゃんが弟にパスワードを教えた行動です。なぜなら、お姉ちゃんが教
　えなければ、みのる君が動画を見すぎることはなかったと思うから。
◇みのる君がお家のルールをやぶってしまった行動です。なぜなら、お家で決
　まっているルールは守るべきだから。
　【発問8】は様々な意見を出させる。

4．自分のこととして考えさせる

【発問9】あなたがみのる君だったら、どの時点でどんな行動をしますか？

◇お姉ちゃんがパスワードを教える時点で断る。なぜなら、パスワードを知る
　と、いつでもどこでも見てしまいそうだから。
◇お母さんに部屋で見ていたのを注意された時点で、部屋ではタブレットを持
　ち込んで見ないようにする。
◇みのる君と同じように注意されても、ずっと見続ける。なぜなら、動画を見
　ていると時間を忘れるほど楽しいから。
　理由も含めてノートに書かせ、持って来させる。
　その時にどんな意見も認めて、褒めることで多くの意見を出させたい。

5．議論させる

【発問10】どれが一番いい方法ですか？

　黒板の板書を元に話し合いを行う。班で交流した後に全体でも交流する。

6．ネット依存について教える

【説明3】 ネット依存とは「インターネットに心をうばわれ、やめたくてもやめられない」状態になること。

【発問11】 ネット依存になると、どんな困ったことがあると思いますか？
　　　　　 ―睡眠不足、目が悪くなる、勉強が頭に入らない。

【説明4】 ネット依存になった人の言葉です。
　　　　　「ゲームをやってイライラしていました。でもやめられない。何だろうという無気力感。どうしたらいいんだろう。死んだ方が楽じゃない？　死にたいなぁと思ったことはあります。」

【説明5】 このような状態になるのは、みんなの脳が関係しています。
　　　　　ネットを見て、「楽しいな」「面白いな」と思うと、脳からドーパミンという物質が出ます。これが喜びにつながります。
　　　　　でも、たくさん出すぎると、さらにたくさんドーパミンが欲しくなってしまい、自分の意志ではやめられなくなるのです。

7．解決方法を考えさせる

【発問12】 ネット依存にならないために、どうすればいいと思いますか？
　　　　　 時間や場所などできるだけ具体的に考えてごらん。

グループで話し合いを行わせ、どんな意見が出たか発表させる。

【指示1】 今日の授業で分かったことをノートに書きなさい。

【評価のポイント】　※ノートの記述を元にする
価値理解　ネット依存の解決に大切なことについて書かれているか。
人間理解　ルールを守ることの難しさについて書かれているか。
他者理解　自分とは違う考えのよさについて書かれているか。

参考資料：情報化社会の新たな問題を考えるための教材　文部科学省
　　　　　依存症についてもっと知りたい方へ　厚生労働省
　　　　　　　　　　　　　　　　　　　　　　　　　　　（木原　航）

2 「情報モラル」を道徳でこう授業する(2)

５年生の授業　LINE トラブルを避けるための授業

 LINE によるいじめ・トラブルを避けるスキルを身につけさせる。

【主体的な学びの発問指示】あなたはどんな場面でLINE を使いたいですか。
【対話的な学びの発問指示】どこで何と返信していじめを防ぎますか。
【深い学びの発問指示】どの意見が一番いじめを防げそうですか。

1．LINEのよさを考えさせる

【発問1】LINE。たくさんの人が利用しています。
　　　　　LINE にはどんなよさがありますか。
【指示1】ノートにできるだけたくさん箇条書きしなさい。

◇グループみんなで確認することができる。
◇写真や動画を見ることができるので、詳しい情報が分かる。
◇災害などあった時に、すぐにみんなと連絡が取れる。

【発問2】日本の人口は約１億２千６百万人。その中で LINE を利用している人は、何人くらいいると思いますか。
【説明1】約8000万人。三人に二人は利用しています。
　　　　　クラスのほとんどの人がこれから使うことになるでしょう。
【発問3】あなたはどんな場面で LINE を使いたいですか。

2．LINEの問題を教える

LINE いじめの新聞記事を読み聞かせる。

LINE いじめの新聞記事（産経新聞2018年11月６日）を読み聞かせる。
中学２年の女子生徒が８月に自殺を図り、その後死亡していたことが6

日、家族や関係者への取材で分かった。（中略）生徒は昨年8月ごろ、部活動の上級生らから無料通信アプリLINE（ライン）で批判されたり、無視されたりして不登校になった。

【説明2】 便利なLINEですが、問題もあります。
【発問4】 どんな問題ですか。（いじめ）
【説明3】 ネットによるいじめは、2006年では4883件。2017年には12632件。11年で約2.6倍に増えています。みなさんも、これからいじめやトラブルに巻き込まれる可能性があります。

3．誤解によるいじめ・トラブルを避ける方法を考える

【発問5】 LINEのいじめやトラブルは、誤解から起こりやすいです。
　　　　　A～Dの誰の意見がどんな誤解を生みそうですか。
　　　　　A「みんなで映画に行こうよ！」　B「いいね～！」　C「楽しみだね～！」　D「Cちゃん何で来るの？」
　　　　　◇Cちゃんはどうして来るの？と誤解されてしまう。
　　　　　A「EとFがけんかしたって。」　B「わたしのせい？」　C「ちがうよ。」　D「Bちゃん関係ないしね。」
　　　　　◇「関係ない、死ね。」と誤解されてしまう。
【発問6】 なんと返信すれば誤解されずにすみますか？

4．同調によるいじめ・トラブルを避ける方法を考える

LINEでのいじめのきっかけになりそうな場面を見せる。

A　「今日の試合、惜しかったなあ。」
B　「あそこでCのシュートが決まってればなぁ。」
C　「ごめんごめん（笑）。今日はちょっとミスった。」
D　「いつも肝心なところでシュートを外すよな。」
E　「（笑）じゃないんだよ。お前のせいで負けたんだろ。」
F　「お前のせいで負けたんだから、次の練習の時ジュースくらい買って来いよ。」

【発問7】 このような、ちょっとしたことからも LINE のいじめは起こって
　　　　　しまいます。あなたは仲間のGさんだとします。
　　　　　あなたなら、どこで何と返信していじめを防ぎますか。

【指示2】 ノートに書きなさい。書いたら自由に動いて意見交換しなさい。

　意見交換後、書いたものを比較検討するために黒板に書かせる。

5. よりよい方法を考える

【発問8】 前に書いてあるもので、どの意見が一番いじめを防げそうですか。

【指示3】 理由もつけてノートに書きなさい。

　どれが一番かを検討させることで、
「その言い方だと余計いじめられる」と
いう意見が出るだろう。伝え方によっ
ては自分がいじめられてしまうかもし
れないから、返信するのをためらった
り、同調したりするのである。検討す
る中で、このような人間の弱さに触れ
た意見が出ることが期待される。

【指示4】 授業の感想を書きなさい。

【評価のポイント】　※ノートを元にする。

価値理解　LINE を利用する時は、誤解されない表現や、誰も不快にさせ
　　　　　ない表現をするようにするという内容が書かれているか。

人間理解　「返信の仕方によっては自分もいじめられてしまうから、いじ
　　　　　めに同調してしまう」という人間の弱さに触れた内容が書かれ
　　　　　ているか。

他者理解　自分の意見と異なる友だちの意見を認める内容が書かれているか。

（徳永祐也）

6年生の授業 ネットトラブルから身を守る授業

 インターネットトラブルから身を守るスキルを身につける。

【主体的な学びの発問指示】もしうっかり掲示板に入ってしまったらあなたはどうしますか。

【対話的な学びの発問指示】あなたの書き込みに返信がありました。何と返信しますか。

【深い学びの発問指示】今日の授業で分かったこと、大切だと思ったことを書きましょう。

インターネットに関する事件が後を絶たない。

自分専用のパソコンや携帯電話が当たり前の現代では、ネット上、またネットを媒介とした事件から子どもたち自身が自分の身を守る必要がある。

1．インターネット・掲示板について確認させる

【発問1】便利なインターネット。あなたはどんな時にネットを使いますか。

◇調べものをしたい時　　　　　◇メールをする時
◇ゲームをする時　　　　　　　◇動画や漫画を見る時

　続けてネットで「小学生　掲示板」と検索をする。
　教師が中身をいくつか読み上げる。

【指示1】これは掲示板と言います。分かったこと、気付いたこと、思ったことは何ですか。お隣に言いなさい。

◇悩みや好きなことを書いている。　◇みんな楽しそう。
◇友だちを作ろうとしている。　　　◇たくさんの人が参加している。

2．自分のこととして考えさせる

【指示2】いろんな話で盛り上がったり、友だちを募集したりしていますね。早速みんなも掲示板で友だちを作ってみましょう。

【発問2】【発問3】にあるパワーポイントコンテンツを作っておく。サイトにはクラスの児童が興味のありそうな掲示板名を書いておく。

【発問2】色んな掲示板があります。どの掲示板に参加したいですか。

参加したい掲示板が確定したら、実際の書き込みを参考に、書き込みたい内容を隣の児童に言わせる。

◇こんにちは！　僕はサッカーが大好きです。みんなよろしく！

◇私もおしゃれが好きな女子です！いろんな人からの返事を待ってます。

A　スポーツ好き集まれ〜！
B　ゲームについて雑談しよう
C　漫画好きな人集合！！
D　ネット友達がほしい人、おいで〜
E　おしゃれ女子交流場❤

【発問3】あなたの書き込みにこんな返信がありました。何と返信しますか。理由も書きましょう。

【住所を書く】
◇早く友だちになりたいから。
【住所を書かない】
◇知らない人で怖いから。

@Yamaguchi

気が合いそうだね！
もっと友達になりたいよ＾＾
手紙送りたいから住所教えて！
返信待ってます☆

【発問4】あなたの書き込みに今度はこんな返信がありました。何と返信しますか。理由も書きましょう。

【今度遊ぶ】
◇楽しそうだから。　◇気になるから。
【遊ばない】
◇知らない人と遊びたくないから。

@Yamaguchi

住所ありがとう！　すぐ手紙書くね＾＾
なんだか親友っぽい♪
同じ佐賀に住んでるんだけど、
今度遊びに行こうよ〜

3．実際の事件から身を守る方法を考えさせる

　ネットや掲示板の事件に関する記事を配布し、一緒に読む。記事は総務省の
ホームページ「信越総合通信局　出会い系サイト」（soumu.go.jp/soutsu/
shinetsu/sbt/tsusin/service/deai.html）より引用した。

【説明1】インターネットや掲示板を使った事件は増えています。小学生もた
　　　　くさん巻き込まれていて、中には命を落としてしまった人もいま
　　　　す。でも、彼らの多くは掲示板の危険性の授業を受けていました。

【発問5】危険だと分かっているのに、なぜ書き込んだのでしょう。

◇楽しそうだったから。　◇自分だけは大丈夫だと思っていたから。

4．正しい知識を知らせ、ネットの問題について考えさせる

【説明2】ネットは楽しいことばかりでなく怖い部分もありますね。
【発問6】みんながさっき掲示板でやりとりをした相手、どんな人だと思
　　　　いますか。

◇他の学校の小学生。　　◇小学生のふりをしたおじさん。

【説明3】顔が見えないのをいいことに悪い人が子どもになりすましてや
　　　　りとりをしていることもあります。
　　　　それを知らずに掲示板に入り、個人情報を書いてしまうと、その
　　　　個人情報は簡単に消すことができません。全世界に広がります。
【発問7】もしうっかり掲示板に入ってしまったら、あなたはどうしますか。

◇個人情報は書かない。　◇やりとりをしない。
◇すぐに大人に言う。

【指示3】今日の授業でわかったこと、大切だと思ったことを書きましょう。

参考文献：向山洋一監修『TOSS道徳「心の教育」(13) ネット時代の心の教育』、明治図書、2004

（陣内祐佳里）

4年生の授業　「夢を叶えた少年」

 実際の出来事を元に、地道に努力することの大切さを考えさせる。

【主体的な学びの発問指示】将来やってみたい仕事をする上で大切なことは何だと思いますか。

【対話的な学びの発問指示】みんながこの少年だったら、続けますか。

【深い学びの発問指示】三國さんの生き方から学んだ、仕事をする上で大切なことをノートにまとめなさい。

1．仕事をする上で大切なことを考えさせる

【発問1】みんなが将来やってみたい仕事は何ですか。

ここでは、仕事についての憧れや夢をいろいろと出させる。

【発問2】やってみたい仕事をする上で大切なことは何だと思いますか。

◇一生懸命にやること。　◇勉強すること。

2．ある少年の出来事を知らせる

【説明1】北海道のある少年の話です。彼は、小学生のころに見た町の料理人に憧れ、中学を卒業して料理人を目指しました。「働くなら一流の店がいい！」と、少年は札幌グランドホテルに乗り込み、直接採用のお願いをします。

【発問3】少年は一流の店で働くことができたと思いますか。

ここでは理由も考えさせ、簡単な交流をさせる。

【説明2】だめでした。それでも諦めずにお願いをすると、次のように言

われました。「まかないを作るおばちゃんの仕事なら、学歴もいらないからどうだ？」

【発問4】 みんなが少年だったら、働きますか？

ここでも理由を考えさせ、交流させたい。

【説明3】 少年は働くことにします。しかし、当然調理場に立つことはできませんでした。ある時、何百人もの宴会の後、山のようになった皿が目に入ります。少年は、自分からお願いしてその皿を洗う仕事を始めました。本来少年の仕事ではありません。自分の仕事を終えた後、ボランティアでやるのです。

【発問5】 少年を見て、料理人たちは何と言ったでしょうか。

【説明4】 誰もが嫌がる地味で面倒な仕事を進んで行う少年を料理人たちは褒め、感謝しました。そして皿洗いを始めて半年後、少年は奇跡的に料理人になることを認められたのです。

ここまでの感想をノートに書かせる。

3．その後の少年の出来事を知らせる

【説明5】 その後、少年は18歳で北海道一のお店の一流シェフになり、有名人の料理を任されるようになりました。そんな時、先輩から次のように言われます。「東京の帝国ホテルには村上シェフという料理の神様がいる。」その話を聞いて、少年は帝国ホテルで働きたいと思います。しかし、村上さんからは次のように言われました。「パートの皿洗いだったら空いている。」

【発問6】 みんなが少年だったら、東京で働きますか。

理由も考えさせ、簡単な交流をさせたい。

【説明6】 少年は働くことにします。しかし、帝国ホテルには600人もの料理人がいます。2年間、少年は皿洗いを続けました。

【発問7】 みんなが少年だったら、続けますか。

どうするかを選択させ、その理由を討論させる。

> 【発問8】少年は、諦めて北海道に戻ることにしました。しかし、帰る前にあることをします。何をしたと思いますか。

> 【説明7】少年は、18か所ある帝国ホテルのお店の全ての皿や鍋や、自分から進んで磨こうと決めました。そして、いよいよ辞めようとした時、料理の神様、村上シェフから呼び出されます。「スイスの日本大使館の料理長を君に決めたから」と言いました。
> 【発問9】村上シェフは、どうして少年を料理長に決めたのでしょうか。

◇やる気があったから。　◇がんばっていたから。

> 【説明8】村上シェフは次のようなことを言っています。「少年はやる気があり、よく気がつき、何にでも一生懸命だった。戦場のような厨房で、自分の仕事である雑用を次々に行い、下ごしらえや盛り付けを進んで手伝い、味を盗む（こっそり勉強する）。実際に料理を作らせなくても、それで腕前が分かる。」
> 【説明9】この少年の名は「三國清三」、「世界の三國」と呼ばれる日本を代表する料理人です。
> 【指示1】感想をノートに書きなさい。

4．少年の出来事を基に、仕事をする上で大切なことを考えさせる

> 【発問10】みんなの仕事とは何ですか。——役当番、給食当番、勉強。
> 【指示2】仕事をする上で大切なことをノートにまとめなさい。

参考：長谷川博之編著『中学生にジーンと響く道徳話100選』学芸みらい社、2019

（山下健太）

3 「キャリア教育」を道徳でこう授業する(2)

5年生の授業 「働く人の思い」

 POINT! 働く人の思いに気付かせ、社会の役に立つことのよさを知る。

【主体的な学びの発問指示】あなたは、テッセイで働きたいと思いますか。
【対話的な学びの発問指示】どうして、大変な仕事なのに笑顔なのでしょうか。
【深い学びの発問指示】あなたがこれからの生活で、できることは何ですか。

---

1. 仕事をする上で大切なことを考えさせる

【発問1】何のお仕事ですか？　―掃除。

テッセイの会社の仕事の様子の写真を提示する。

【発問2】TESSEI という会社で働く人たちです。新幹線の掃除をします。
　　　　　1両100席を何分でならできそうですか？

近くの人と予想を交流させ、数人に予想を尋ねる。

【発問3】7分です。どうしてだと思いますか？　―お客さんを待たせて
　　　　　しまうから。

【説明1】7分でできそうですか？　一般的に、新幹線の掃除の仕事は、き
　　　　　つい、汚い、危険の3Kと言われます。7分で終わらせるのだから
　　　　　当然きつい、汚物の掃除をすることもあるため汚い、いつどんな
　　　　　事故が起こるか分からないため危険。とても大変な仕事なのです。

【発問4】あなたは、テッセイで働きたいと思いますか？

　自分のこととして考えさせるために、考えを書かせる。「働きたくない。」と
いう考えを多く出させ、その後、変容するように授業を組み立てる。

Ⅳ章　あなたならどうする？「自分のこと」として考えさせる道徳授業づくり

【説明2】では、従業員の人たちは働きたいと思っているのでしょうか。
ある従業員は、テッセイで働くことになり、娘にこんなことを
言われました。みんなで読みましょう。 ―お母さん、そんな仕
事しかないの?

2．テッセイの従業員の笑顔の理由について考えさせる

テッセイの従業員が笑顔で仕事をしている写真を提示する。

【発問5】ですが、大変な仕事なのに、従業員は笑顔です。どうして、大
変な仕事なのに笑顔なのでしょうか?

自分の考えや意見を書かせ、発表させる。「やりがいがある。」「楽しい」な
どの意見が出た場合には、「3Kだよ」「きつい仕事なのに笑顔でできるか
な?」などの教師の揺さぶりを入れる。

【説明3】テッセイの矢部輝夫氏は、こんな手紙を書きました。「Aさん
は、テーブルをきちんと拭き、チリ払いも丁寧で、ひたむきに
作業している姿に感心しました」「待合室の床の汚れに気づいた
Bさんは、モップを持って来てきれいに拭いてくれました」。

手紙の内容は、全員で読ませる。

【発問6】この手紙は、Aさん・Bさんに何を伝えたい文章ですか?

【説明4】仕事を真面目にがんばる人を、褒めました。このような手紙を
「エンジェル・リポート」と言います。

「エンジェル・リポート」は全員で読ませる。

【発問7】エンジェル・リポートは、他の従業員同士でも書くようになり
ました。年間何件くらいのリポートが書かれると思いますか。

隣同士で予想させ、指名する。

【発問8】 1万件です。年間1万件も褒め合う職場、どう思いますか？

感想を言わせる。

【発問9】 現在のテッセイです。最初のころと違うところがありますね。
どんなところですか？（以前の3Kのころのテッセイの従業員
の様子と、今の様子を写真で比較して見せる。）

◇制服を着ている。　◇おじぎをしている。　◇きれいに並んでいる。

【発問10】 おじぎをする。季節に合った服装でおもてなしする。小さい子に
シールやポストカードをプレゼントする。そのようなことをやっ
ています。これは、誰のアイディアだと思いますか？（矢部さん）

【説明5】 テッセイで働く従業員のアイデアです。矢部氏は、「いいアイ
ディアが出たら、どんどんやっていい」と言っただけで、従業
員自ら考え、お客様のためにおもてなしをするようになりました。

【説明6】 矢部氏はこのような思いをもっているそうです。全員で読みま
しょう。「どんな職業でも、そこに自分の役割、存在意義を見つ
けて、生き生きと働いてもらいたい。」

【発問11】 あなたは、テッセイで働きたいと思いますか？

3．これからの自分の生活に生かせることを考えさせる

【発問12】 この会社のことから、あなたがこれからの生活に生かしたいこ
とは何ですか？

◇今やっている当番の仕事も誰かの役に立つことなので、一生懸命やることが
大切。

（三上阿利佐）

3 | 「キャリア教育」を道徳でこう授業する(3)

6年生の授業　「三人の夢」

 夢を実現させた三人の行動から、夢を叶える手立てを考えさせる。

【主体的な学びの発問指示】夢を叶えるために大切なことは何ですか。
【対話的な学びの発問指示】自分だったら困難なことがあった時どうしま
　　　　　　　　　　　　　すか。
【深い学びの発問指示】夢を叶えるために、これからあなたは何をしよう
　　　　　　　　　　　と思いますか。

1．夢を叶えるための手立てを考えさせる

【発問1】あなたの夢は何ですか。（書かせずに発表させる）

◇サッカー選手　◇パティシエ　◇ユーチューバー　など

【発問2】あなたの夢を、周りの人は知っていますか。（挙手させる）
【発問3】夢を叶えるために大切なことは何ですか。ノートに書きます。

　1つ書けたら持ってこさせて、その後発表させる。

【指示1】ナポレオン・ヒルの言葉。読みます。「頭の中で考えたことを、
　　　　　こころから信じられるなら、人はそれがどんなことでも達成で
　　　　　きる。」

2．三人の夢を紹介する

【指示2】夢を叶えた三人の人を紹介します。
　　　　　一人目。ある人が小学校の卒業文集で書いた作文です。
　　　　　「ぼくは大人になったら世界一のサッカー選手になりたいと言うよりな
　　　　　る。世界一になるには世界一練習しないとダメだ。だから今ぼくはガ

ンバッている。今はヘタだけれどガンバッて必ず世界一になる。(中略)
Wカップで有名になってぼくは外国から呼ばれてヨーロッパのセリ
エAに入団します。そしてレギュラーになって10番で活躍します。」

本田圭佑選手の作文を読む。

【発問4】 誰か知っている人。

【説明1】 本田圭佑選手。言葉にしたことが実現しています。セリエAに入団
し、26歳でそのチームのエースを表す背番号「10」を背負いました。

【説明2】 二人目。ある会社をつくった社長。創業初日、たった二人の社
員にみかん箱の上に乗った社長が語った言葉です。「わが社は30
年後には売り上げ1兆円を超える会社になる」。

言葉を提示し、読ませる。

【発問5】 30年後、売り上げはいくらだと思う?　◇1兆円
【発問6】 3兆円の大企業となりました。この人物は誰でしょう。

数名に予想を発表させた後、写真を提示する。

【説明3】　ソフトバンク会長、孫正義さんです。

続けて、三人目の人物を紹介する。

【指示3】 三人目。どこの内装か考えます。(ななつ星の車内の写真を提示する)
【説明4】 電車です。「ななつ星」と言います。九州を走っています。
大赤字からスタートしたJR九州社長、唐池恒二さん。2009年社
長就任の際に演説で語ります。読みましょう。
「九州で世界一豪華な寝台列車を走らせる。」

ここでも、言葉を提示して読ませるようにする。

【説明5】 2013年、ななつ星が運行開始しました。定員が28名であるのに
対して、280人の応募。海外の人も評価する電車となりました。

【指示４】夢を実現した三人の感想をノートに書きましょう。

３．困難があった時に、どのような行動をするか考えさせる

【発問７】三人に困難はあったのでしょうか。

【説明６】本田選手。ブラジルW杯で大敗。メディアにも叩かれました。孫さん。病気を患い、3年半入退院を繰り返しました。社員が去っていき、孤独な会社経営の時期もありました。唐池さん。社長就任時、「JR九州がうまくいくわけがない」と陰口を言われていました。

【発問８】自分だったら、困難なことがあった時にどうしますか。

◇練習する。　◇諦めてしまうかもしれない。

【発問９】困難なことがあった時、三人はどうしたでしょう。

【説明７】本田選手。「がんばるということは自分で決められる。その夢がかなうかどうかは自分次第」。そう言って、大きな目標を立てました。孫さん。病気が治り、もう一度仕事に打ち込みました。アメリカに進出し、インターネット事業に挑戦しました。唐池さん。「大赤字を黒字化させよう！」「鉄道以外の事業にも挑戦しよう！」と社員に言い続けました。

４．自分のこととして考えさせる

【発問10】それでも夢を叶えた三人。共通したことは何ですか。

◇夢を言葉にする。　◇諦めなかった。　◇前向き。

【発問11】夢を叶えるために、これからあなたは何をしようと思いますか。

◇自分がやりたいことをノートに書き出す。　◇周りの人に夢を話す。

（西山美咲）

136

1 「相手のことを心から考えよう」の授業

友だちとの付き合い方を考える 【高学年】
「陰口・告げ口・うわさ話」【内容項目 B −(10) 友情・信頼】

 陰口・告げ口・うわさ話が、トラブルを大きくしてしまうことに気付かせる。

【主体的な学びの発問指示】陰口を聞いた時、告げ口の代わりに何をしたらよいか。
【対話的な学びの発問指示】このトラブルで、一番悪いのは誰だと考えるか。
【深い学びの発問指示】今後、うわさ話を聞いた時、どのように行動するか。

　高学年ともなると人間関係も複雑になる。トラブルの原因は直接的な悪口よりも、本人がいない所での陰口や告げ口、うわさ話によるものが増える。目の前にいる友だちに気を使うあまり、悪いと分かっていることをやってしまうこともある。事前に考える機会を設けることで、トラブルを未然に防ぎたい。

1．授業の流れ

（1）子ども間で起こりそうなトラブルの事例を示す

【説明1】A君がB君の悪口をC君に言いました。その場にB君はいません。
【発問1】このように、いない人の悪口を言うことを何と言いますか。《陰口》

【説明2】別の場所でB君に会ったC君は「A君が悪口を言っていたよ」とB君に伝えました。
【発問2】このように、他人の秘密をこっそり人に知らせることを何と言いますか。《告げ口》

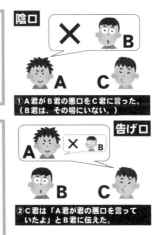

陰口
①A君がB君の悪口をC君に言った。（B君は、その場にいない。）

告げ口
②C君は「A君が君の悪口を言っていたよ」とB君に伝えた。

【説明3】怒ったB君は、A君に会うと突然つか
　　　　みかかったので、ケンカになってしま
　　　　いました。
【発問3】悪いのは誰ですか。
【指示1】悪かったと思う人の名前（A・B・C）
　　　　と、その理由を書きなさい。《発表》

（2）トラブルの主原因を考えさせる

【発問4】一番悪いのは誰だと考えますか。
【指示2】一番悪かったと思う人の名前と、その
　　　　理由を書きなさい。
【指示3】一番は誰なのか、話し合ってみましょう。

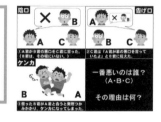

（3）C君（第三者）の言動について考えさせる

【発問5】告げ口はよいことではありません。誰
　　　　でも知っていることでしょう。ではな
　　　　ぜC君は、B君に告げ口してしまった
　　　　のでしょうか。
【指示4】理由を予想して書いてみましょう。
　　　　《発表》
【説明4】「B君がかわいそうだから」という意
　　　　見がありました。心配する優しい気持
　　　　ちですね。

【主発問】

　では陰口を聞いたC君は、告げ口の代わりに何を
すればよかったのでしょうか。

【指示5】意見を考えて書きなさい。また、そう考えた理由も書いてみま
　　　　しょう。《発表》

（4）さらに深く考えさせる

【説明5】 B君のことを本当に心配するのなら、C君はA君に「そんなことを言うのはやめな」と言うべきだった、という意見がありました。（教師の意見として紹介してもよい）

【発問6】 「そんなことを言うのはやめな」と言われたA君は、C君のことをどう思うでしょうか。

【発問7】 もし、B君がこのことを知ったら、C君のことをどう思うでしょうか。

　点線の枠内は、時間がなければ飛ばしてもよい。しかし、このような発問を入れることによって、さらに深い思考を促すことができると考える。逆に時間があるようであれば、発問7・8にも考える時間を与え、回答を紙に書かせ、発表させるようにしたい。

【説明6】 あなたはC君から「A君がB君の悪口を言っていた」という話を聞きました。

【発問8】 このように、そこにいない人に関してする話を何と言いますか。《うわさ話》

【発問9】 今後もし、うわさ話を聞いたら、あなたはどのように行動したいですか。

【指示6】 今日の授業の感想を書きましょう。

【評価のポイント】　※（1）（2）は感想文を元にする。（3）は観察による。

価値理解　「友情」や「信頼」に関する内容が書かれているか。

人間理解　よくない行動だと分かっていても、「実行できない・注意できないこともある」という内容が書かれているか。

他者理解　自分の意見とは違う意見や行動も、受け入れるような言動がみられたか。

（野口敦広）

「弱い者をかばおう」の授業の展開 中・高学年
「思いやり算」【内容項目B－（1）親切・思いやり】

POINT! 4種類の思いやりがあることに気付かせ、困っている人を助けられるようにする。

【主体的な学びの発問指示】何算の思いやり算を使いますか。

【対話的な学びの発問指示】隣の人と相談しましょう。

【深い学びの発問指示】具体的に何と言いますか。

1．授業の流れ

（1）本時の導入と課題の確認をする

【発問1】これまで算数で、何算を習いましたか。

【説明1】今日は「思いやり算」、人を笑顔にする勉強です。

（2）思いやり算の「たし算」の言葉を考えさせる

【発問2】□の中に、何が入りますか。

【説明2】「たす（け合う）」です。

　　　　　助け合うと、大きな力になります。

【発問3】何算ですか。

【説明3】たし算です。

（3）思いやり算の「ひき算」の言葉を考えさせる

【発問4】□の中に、何が入りますか。

【説明4】「ひき（受ける）」です。

　　　　　相手に喜んでもらえます。

【発問5】何算ですか。

【説明5】ひき算です。

（４）思いやり算の「かけ算」の言葉を考えさせる

> 【発問6】かけ算は、どんな言葉だと思いますか。
> 【指示1】隣の人と相談しましょう。
> 【説明6】「声をかけると、１つになれる」です。

（6）思いやり算の「わり算」の言葉を考えさせる

> 【発問7】わり算は、どんな言葉だと思いますか。
> 【指示2】隣に人と相談しましょう。
> 【説明7】「いたわると、笑顔は返ってくる」です。
> 【指示3】「思いやり算」の詩を読みましょう。

（7）二人で掃除している場面の思いやりを考えさせる

> 【説明8】二人で掃除しています。
> 【発問8】使った思いやり算は何算と思いますか。
> 【指示4】隣の人と相談しましょう。
> （何算かと、そう考えた理由を発表させる。）

（8）転んだ人に使う思いやり算を考えさせる

> 【説明9】転んで泣いている人がいます。
> 【発問9】何算の思いやり算を使いますか。
> 【発問9】具体的に何と言いますか。
> （子どものいう台詞を、隣同士で練習させる。）

（9）喧嘩をしている人に使う思いやり算を考えさせる

> 【説明10】喧嘩をしている人がいます。
> 【発問10】何算の思いやり算を使いますか。
> 【発問11】具体的に何と言いますか。

(11) こそこそ話を見た時に使う思いやり算を考えさせる

【説明11】 こそこそ話をされている人がいます。

【発問12】 何算の思いやり算を使いますか。

【発問13】 具体的に何と言いますか。

たすけ合うと
大きな力に
ひき受けると
喜びがうまれる
声をかけると
一つになれる
いたわると
笑顔は返ってくる

(12) 思いやり算の動画を見て、授業を振り返させる

(動画は、AC JAPAN の30秒間の CM。)

【説明12】 思いやり算の CM です。

（「助け合う」などのテロップが出る直前で一時停止。）

【発問14】 何算だと思いますか。

【説明13】 思いやり算を使いこなせるように何回も練習しましょう。

やさしいでしょ、
おもいやり算。

【主発問】

何算の思いやり算を使いますか。また、具体的に何と言いますか。

【評価のポイント】 ※ (1) (2) は感想文を元にする (3) は観察による

価値理解 「困っている人に親切をする」という内容が書かれているか。

人間理解 「困っている人に親切をできたこと・できなかったこと」などの自分なりのエピソードが書かれているか。

他者理解 友だちも、人に親切をしていることに気付くことができたか。

(松下隼司)

台湾の発展に尽くした八田與一 **6 学年**

「八田與一から学ぶ」【内容項目C−(18) 国際理解・国際親善】

POINT! 世界の発展のために尽くした日本人の生き方から学ぶ。

【主体的な学びの発問指示】八田さんの生き方から学んだことは何ですか。

【対話的な学びの発問指示】技術の高い者を解雇した八田さんの決断に賛成ですか。反対ですか。

【深い学びの発問指示】台湾に「日本精神」という言葉があります。どんな意味で使われていると思いますか。

1．東日本大震災の時に寄せられた支援について知る

【発問1】東日本大震災の時に、世界中からたくさんの支援が寄せられました。その中で、世界一の義援金を送ってくれたのはどこだと思いますか。

・台湾

【発問2】義援金の額はいくらだったと思いますか。

・250億円

【説明1】これだけの義援金を送ってくれたのはなぜか。その秘密は、今から100年ほど前に遡ります。

2．当時の台湾の様子について知る

【説明2】今から100年ほど前、台湾は日本が統治していました。台湾は日本の植民地だったのです。

【説明3】台湾最大の平野である嘉南平原は土地が荒れ果て、当時、およそ60万人の農民が食べ物に不自由していました。

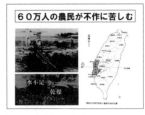

【説明4】そんな状況を何とかしたいと立ち上がったのが土木技師だった八田與一さんです。八田さんは、ダムをつくる計画を立てました。

【説明5】工事が始まって2年、トンネル工事で大爆発が起こりました。八田さんは亡くなった人の遺族一人一人にお詫びにいきました。その中で八田さんは次のように言っています。

・それでも、工事の続行を許して下さい。なぜなら、このダムは台湾の人々の暮らしを豊かにするために、絶対に必要なものだからです。

3．議論させる

【説明6】さらに翌年、関東大震災が起こりました。そのため工事の予算が削減され、労働者の半数を解雇しなければならなくなりました。

【説明7】八田さんは力のある者から解雇しました。
【発問3】技術の高い者を解雇した八田さんの決断に賛成ですか。反対ですか。

【賛成】◇技術の低い人はやめさせられたら次の働く場所をなかなか見つける
ことができないから。

【反対】◇技術の高い人がいた方が、ダムを早く完
成させることができるから。

1930年　烏山頭ダム完成

【説明8】工事開始から10年、当時としては世界
最大のダムが完成しました。台湾最大
の穀倉地帯へと生まれ変わったのです。

4．世のため人のために尽くす生き方について考える

【発問4】台湾の人たちは90年以上前のこの出来
事を知っていました。それはなぜで
しょうか。

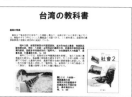

台湾の教科書

・台湾の教科書に載っていて、教えられているから。

【発問5】台湾に「日本精神」という言葉があり
ます。どんな意味で使われていると思
いますか。

日本精神

「清潔さ」
「公正さ」
「勤勉さ」
「責任感」
「規律遵守」
「信頼」
「滅私奉公」

・清潔さ　・公正さ　・勤勉さ　・責任感　・規律遵守

【発問6】2011年の暮れに台湾の新聞社が実施し
た「あなたにとって今年1番の幸せは
何ですか」という調査の1位は、ある
ことが世界一になったことでした。あ
ることとは何でしょうか。

あなたにとって今年1番の幸せは
何ですか？

日本への義捐金が
世界一になったこと

（2011年に行った台湾の華視新聞とYAHOO奇摩の共同調査）

・日本への義援金が世界一になったこと。

【主発問】

八田さんの生き方から学んだことは何ですか。

（家根内興一）

ボランティアに関する「知識・技能」

「様々なボランティアから学ぶ」[内容項目B-(7)親切、思いやり B-(14)勤労、公共の精神]

 ボランティアに関する「知識・技能」を道徳の時間で授業する。

【主体的な学びの発問指示】車いすの方が困っています。あなたならどうしますか。

【対話的な学びの発問指示】どこから声をかけるといいと思いますか。

【深い学びの発問指示】共に支え合って生きていく社会のためには何が必要でしたか。

1．本時で学ぶ「知識・技能」の導入

【説明1】目の不自由な方が食事をしようとしています。

【発問1】困ることがあります。何だと思いますか。

【説明2】それぞれの食べ物の位置が分からなくて困りそうですね。

【発問2】目の不自由な方にどのように食物の位置を伝えますか。

【発問3】お箸の位置は何時の方向にありますか。

【指示1】他の食べ物の位置を説明してごらん。

【説明3】この方法をクロックポジションと言います。

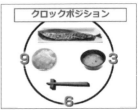

2．本時の内容の確認

【説明4】このように体の不自由な方のお手伝いをするためには知識や技能が必要になります。

3．車いすボランティアに関する「知識」

【発問4】 第1問。車いすの方が困っています。
　　　　　あなたならどうしますか。

【説明5】 まずは「何かお手伝いをしましょうか」
　　　　　と声をかけることが大切です。

【発問5】 どこから声をかけるといいと思いますか。

【説明6】 右図のBです。Aだと相手に威圧感を
　　　　　与えてしまうからです。

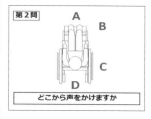

4．車いすボランティアに関する「技能」

【指示2】 実際に練習をしてみます。

【説明7】 「知識・技能」は共に支え合って生きて
　　　　　いく社会にするためにはとても重要です。

5．聴覚障害ボランティアに関する「知識」

【説明8】 何か困っている人がいます。声をかけ
　　　　　ましたが、反応がありません。よく見
　　　　　ると、マークをつけています。

【発問6】 このマークは何を意味していると思い
　　　　　ますか。選択肢から選びます。

【説明9】 耳マークと言います。どのようにお手
　　　　　伝いをしてほしいかが書いてありま
　　　　　す。「筆記」と書いてあります。書い
　　　　　て会話をすることです。

6．聴覚障害ボランティアに関する「技能」

【説明10】	あなたがレストランの店員だとします。
【発問7】	この筆談はよくありません。どこがよくないと思いますか。
【説明11】	筆談のポイントは「短い言葉」「横書き」「アラビア数字を使う」です。
【指示3】	筆談のポイントを使って、書きなおしてみましょう。

7．障害をもつ方のためのマークに関する「知識」

【発問8】	右画像のマークはどんな意味があると思いますか。
【説明12】	「補助犬マーク」と言います。店が補助犬を積極的に受け入れることを表しています。
【発問9】	街中には他にも障害をもつ方々のためのマークがあります。右画像の①②③はそれぞれどんな意味があると思いますか。
【説明13】	①はオストメイトマーク。②は聴覚障害者標識マーク。③はヘルプマークです。

8．授業のまとめ

【主発問】

共に支え合って生きていく社会のためには何が必要でしたか。

（加藤三紘）

第4問

大変申し訳ございませんが、現在大変混み合っており、三十分はお待ちいただかなければなりません。午後の方が比較的早くご案内できますがいかがいたしましょう？

待ち時間は30分。
午後からは空きます。
待ちますか？

第5問 どんな意味があると思いますか

第6問 どんな意味があると思いますか

オストメイトマーク　聴覚障害者標識マーク　ヘルプマーク

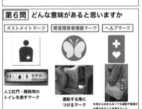

人工肛門・膀胱用のトイレを表すマーク　運転する車につけるマーク

共に支えあって生きていく

知識・技能

キッズ・ボランティア検定問題（車いす編）

キッズ・ボランティア検定問題（目の不自由な方編）

「先人に学ぶ」授業の展開

ファーブルを支えた3人の友人 〔内容項目　B-(4)友情・信頼〕

高学年

偉人の生き方から、「自分の生き方にも生かせる」ことに気付かせる。

【主体的な学びの発問指示】あなたにとって、友人とは、どのような存在ですか。

【対話的な学びの発問指示】ファーブルにとって、〇〇は、どのような存在でしたか。

【深い学びの発問指示】自分なりのエピソードも踏まえながら、考えを書きなさい。

1．本時で学ぶ人物の導入

【指示1】ある人物の言葉です。読んでごらん。

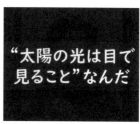
"太陽の光は目で見ること"なんだ

2．ファーブルの内部情報を確認する

【発問1】世界的に有名な書物である『昆虫記』を記した人物。誰ですか。

昆虫記　ジャン・アンリ・ファーブル

3．ファーブルに影響を与えた一人目の人物

【指示2】小学校の教師をしていた時、博物学者のタンドンと出会いました。タンドンは、ファーブルの昆虫を研究する姿を見て、次のような提案をしました。画像の中の文字を読んでごらん。

タンドン　博物学をやりなさい

4．授業のキーワードである「友人」を意識させる

【説明1】ファーブルは、この言葉をきっかけに昆虫をさらに研究していくようになりました。

【発問2】ファーブルにとって、タンドンは、どのような存在でしたか。

5．ファーブルに影響を与えた二人目の人物

【説明2】二人目の人物が、当時のフランスの文部大臣のデュリュイでした。ファーブルの研究熱心な姿に心を打たれ、レジオン・ドヌール勲章に推薦しました。

6．ファーブルとデュリュイの関係が分かる逸話

【発問3】出世に興味のないファーブルを呼び出すために、デュリュイは、手紙にジョークを書きました。どのようなジョークだと思いますか。

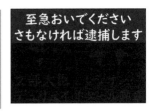

7．授業のキーワードである「友人」を際立たせる

【発問4】ファーブルにとって、デュリュイは、どのような存在でしたか。

8．ファーブルに影響を与えた三人目の人物

> 【説明3】三人目の人物が、ファーブルの弟子で
> あったルグロでした。
> 【発問5】ルグロは、ファーブルの研究する姿に
> 心を打たれ、ある計画を立てました。
> どのような計画を立てたと思いますか。
> 【説明4】ルグロは、1910年4月3日、ファーブル
> をお祝いする集まりを開催したのです。
> 【発問6】そして、ルグロは、4月3日を、「○
> ○の日」と決めました。何の日と決め
> たと思いますか。予想してごらん。

> 【発問7】ファーブルにとって、ルグロは、どの
> ような存在でしたか。

子どもたちから「友人」と、すぐに返ってくるだろう。

9．ファーブルの言葉から授業を振り返る

> 【発問8】ファーブルは、自分の研究を振り返
> り、次のように述べています。四角に
> 当てはまる言葉は、何だと思いますか。
> 【説明5】ファーブルの功績の背景には、たくさ
> んのよき友人に恵まれていたことが
> あったのです。

10．授業のまとめ

【主発問】

あなたにとって、友人とは、どのような存在ですか。

（福井　慎）

◎執筆者一覧　　※印は編者

原田はるか　　　兵庫県公立小学校教諭
津田泰至　　　　兵庫県公立小学校教諭
堀田知恵　　　　兵庫県公立小学校教諭
堀田和秀　　　　兵庫県公立小学校教諭　　※
大濵和加子　　　兵庫県公立小学校教諭
三枝亜矢子　　　兵庫県公立小学校教諭
宇田誠太郎　　　静岡県公立小学校教諭
田形　智　　　　静岡県公立小学校教諭
前田吉法　　　　静岡県公立小学校教諭
萩原大夢　　　　静岡県公立小学校教諭
大内裕生　　　　静岡県公立小学校教諭
木内秘花　　　　静岡県公立小学校教諭
齋藤奈美子　　　静岡県公立小学校教諭
竹原孝太朗　　　静岡県公立小学校教諭
溝端久輝子　　　兵庫県公立小学校教諭
柴山佳月　　　　滋賀県公立小学校教諭
澤近亮祐　　　　大阪府公立小学校教諭
武友陽一　　　　大阪府公立小学校教諭
安江　愛　　　　京都府公立小学校教諭
原田朋哉　　　　大阪府公立小学校教諭
久田広光　　　　滋賀県公立小学校教諭
田中直行　　　　奈良県公立小学校教諭
溝口佳成　　　　滋賀県公立小学校教諭
林　健広　　　　山口県公立小学校教諭
吉谷　亮　　　　山口県公立小学校教諭
武廣大輔　　　　佐賀県公立小学校教諭
四島　誠　　　　佐賀県公立小学校教諭
山下健太　　　　佐賀県公立小学校教諭
和嶋一男　　　　佐賀県公立小学校教諭
森　隆久　　　　佐賀県教育機関
木原　航　　　　佐賀県公立小学校教諭
徳永祐也　　　　佐賀県公立小学校教諭
陣内祐佳里　　　佐賀県公立小学校教諭
三上阿利佐　　　佐賀県公立小学校教諭
西山美咲　　　　佐賀県公立小学校教諭
野口敦広　　　　東京都公立中学校主幹教諭
松下準司　　　　大阪府公立小学校教諭
家根内興一　　　大阪府公立小学校教諭
加藤三紘　　　　山梨県公立小学校教諭
福井　慎　　　　三重県公立小学校教諭

◎監修者

谷　和樹（たに・かずき）

玉川大学教職大学院教授

◎編者

河田孝文（かわた・たかふみ）　山口県公立小学校教諭
堀田和秀（ほりた・かずひで）　兵庫県公立小学校教諭

授業の腕が上がる新法則シリーズ
「道徳」授業の腕が上がる新法則　4〜6年生編

GAKUGEI
MIRAISHA

2020 年 5 月 25 日　初版発行

監　修　谷　和樹
編　集　河田孝文・堀田和秀
執　筆　「道徳」授業の腕が上がる新法則　4〜6年生編　執筆委員会

発行者　小島直人
発行所　株式会社 学芸みらい社
　　　　〒162-0833 東京都新宿区箪笥町 31 箪笥町 SK ビル
　　　　電話番号 03-5227-1266
　　　　http://www.gakugeimirai.jp/
　　　　e-mail:info@gakugeimirai.jp
印刷所・製本所　藤原印刷株式会社
企　画　樋口雅子
校　正　熊沢正子
装　丁　小沼孝至
本文組版　本郷印刷株式会社

授業の腕が上がる新法則シリーズ　全13巻

監修：谷 和樹（玉川大学教職大学院教授）

◆「国語」授業の腕が上がる新法則
村野 聡・長谷川博之・雨宮 久・田丸義明 編
978-4-909783-30-1　C3037　本体1700円（＋税）

◆「社会」授業の腕が上がる新法則
川原雅樹・桜木泰自 編
978-4-909783-32-5　C3037　本体1700円（＋税）

◆「算数」授業の腕が上がる新法則
木村重大・林 健広・戸村隆之 編
978-4-909783-31-8　C3037　本体1700円（＋税）

◆「理科」授業の腕が上がる新法則※
小森栄治・千葉雄二・吉原尚寛 編
978-4-909783-33-2　C3037　本体2400円（＋税）

◆「生活科」授業の腕が上がる新法則※
勇 和代・原田朋哉 編
978-4-909783-41-7　C3037　本体2500円（＋税）

◆「音楽」授業の腕が上がる新法則
関根朋子・中越正美 編
978-4-909783-34-9　C3037　本体1700円（＋税）

◆「図画工作」授業の腕が上がる新法則
1～3年生編※
酒井臣吾・谷岡聡美 編
978-4-909783-35-6　C3037　本体2400円（＋税）

◆「図画工作」授業の腕が上がる新法則
4～6年生編※
酒井臣吾・上木信弘 編
978-4-909783-36-3　C3037　本体2400円（＋税）

◆「家庭科」授業の腕が上がる新法則
白石和子・川津知佳子 編
978-4-909783-40-0　C3037　本体1700円（＋税）

◆「体育」授業の腕が上がる新法則
村田正樹・桑原和彦 編
978-4-909783-37-0　C3037　本体1700円（＋税）

◆「道徳」授業の腕が上がる新法則
1～3年生編
河田孝文・堀田和秀 編
978-4-909783-38-7　C3037　本体1700円（＋税）

◆「道徳」授業の腕が上がる新法則
4～6年生編
河田孝文・堀田和秀 編
978-4-909783-39-4　C3037　本体1700円（＋税）

◆「プログラミング」授業の腕が上がる新法則
許 鍾萬 編
978-4-909783-42-4　C3037　本体1700円（＋税）

各巻A5判並製
※印はオールカラー

激動する社会の変化に対応する教育へのパラダイムシフト ── 谷 和樹

　PBIS（ポジティブな行動介入と支援）というシステムを取り入れているアメリカの学校では「本人の選択」という考え方が浸透しています。その時の子ども本人の心や体の状態によって、できることは違います。それを確認し、あくまでも本人にその時の行動を選ばせるという方法です。これと教科の指導とを同じに考えることはできないかも知れません。しかし、「本人の選択」を可能にする学習サービスが世界的に広がり、増え続けていることもまた事実です。

　また、写真、動画、Webページなど、全教科のあらゆる知識をデジタルメディアで読む機会の方が多くなっているのが今の社会です。そうした「デジタル読解力」について、今の学校のカリキュラムは十分に対応しているとは言えません。

　子どもたち「本人の選択」を保障する考え方、そして幅広い「デジタル読解力」を必須とする考え方を公教育の中で真剣に考える時代が到来しつつあります。

　本書ではこうしたニーズにできるだけ答えたいと思いました。

　本書の読者のみなさんの中から、そうした問題意識をもち、一緒に研究を進めていただける方がたくさん出てくださることを心から願っています。

小学校教師のスキルシェアリング
そしてシステムシェアリング
―初心者からベテランまで―

授業の新法則化シリーズ
＜全28冊＞

企画・総監修／向山洋一
日本教育技術学会会長
TOSS代表

編集
執筆 TOSS授業の新法則 編集・執筆委員会

発行：学芸みらい社

　1984年「教育技術の法則化運動」が立ち上がり、日本の教育界に「衝撃」を与えた。そして20年の時が流れ、法則化からTOSSになった。誕生の時に掲げた4つの理念はTOSSになった今でも変わらない。
1. 教育技術はさまざまである。出来るだけ多くの方法を取り上げる。（多様性の原則）
2. 完成された教育技術は存在しない。常に検討・修正の対象とされる。（連続性の原則）
3. 主張は教材・発問・指示・留意点・結果を明示した記録を根拠とする。（実証性の原則）
4. 多くの技術から、自分の学級に適した方法を選択するのは教師自身である。（主体性の原則）
　そして十余年。TOSSは「スキルシェア」のSSに加え、「システムシェア」のSSの教育へ方向を定めた。これまでの蓄積された情報をTOSSの精鋭たちによって、発刊されたのが「新法則化シリーズ」である。
　日々の授業に役立ち、今の時代に求められる教師の仕事の仕方や情報が満載である。ビジュアルにこだわり、読みやすい。一人でも多くの教師の手元に届き、目の前の子ども達が生き生きと学習する授業づくりを期待している。
（日本教育技術学会会長　TOSS代表　向山洋一）

学芸を未来に伝える
学芸みらい社
GAKUGEI MIRAISHA

株式会社 学芸みらい社
〒162-0833 東京都新宿区箪笥町31 箪笥町SKビル3F
TEL:03-5227-1266（営業直通）　FAX:03-5227-1267
http://www.gakugeimirai.jp/
e-mail:info@gakugeimirai.jp